JN027474

美容皮膚科医が教える「完全毛穴レス肌」を叶える8つの美肌習慣

山本周平

はじめに

はじめまして。私は、兵庫県の西宮にある美容クリニック「西宮ＳＨＵＨＥＩ美容クリニック」で院長を務めております山本《やまもと》周平《しゅうへい》と申します。

現在クリニックを経営するのと同時に、現役の「抗加齢医学専門医《こうかれいいがくせんもんい》」として、日々診療にあたっています。

ちょっと聞きなれない言葉かと思いますが、抗加齢医学専門医とは少子高齢化社会の日本において、いかに健康的な状態で長生きするかを研究し、患者さんに指導する専門医のことです。患者さんと一緒になって、日々老化していく身体に向き合い、必要があれば食事や運動習慣の改善、精神的なストレスマネジメントも行ういわば「老化対策のプロ」です。

また、私は過去に皮膚科医、美容外科医としても勤務していました。この経験からもクリニックでは、美容のお悩みにもお応えできるように、レーザー治療やピーリング、美容点滴などのメディカルエステも受けられ、幅広く患者さんの身体・心・肌のお悩みに適した治療ができる環境を自身のクリニックでは整えています。

最近は、美容のお悩みでクリニックを訪れる患者さんが急増しています。その相談内容は

「昔は気にならなかったのに、最近肌がくすんできた」

「毎日マスクをつけるようになってからニキビが増えた」

「肌がたるんで、顔が大きくなった気がするので何とかしたい」

など多岐にわたりますが、特に多いのが「毛穴」に関するお悩みです。カウンセリングでお話を伺うと、皆さん自分自身で積極的に美容に関する情報収集を行い、実行している方が多いです。

しかし「あらゆる方法を試しているのに、一向に毛穴がキレイにならない……」と落ち込んだお顔で診察に来られます。

ひとえに「毛穴の悩み」といっても内容は細かくわかれるからです。

例えば

「頑固なニキビ跡をなんとかしたい！」

「昔は気にならなかったのに、最近毛穴が開いてきて毛穴が目立つように感じる……」

「小鼻の毛穴の黒ずみが気になって、マスクが外せない」

などなど……。

このようなお悩みを抱える方をはじめ、美肌を手に入れたい方、もっといきいきと若々しい印象をまわりに与えたい方に、どうしても伝えたいことがあり、今回執筆に至りました。

これまでに、皮膚科医・美容外科医として勤務していた経験を含め、多くの患者さんを診てきて思うのは、**「皆さん、スキンケアに多くのお金と時間をかけている、端的に言うとかけ過ぎている」**ということです。

例えば、洗顔前にスチームをあて、朝・晩しっかりと洗顔フォームで顔を洗い、洗顔後は化粧水、乳液、美容液、クリーム等を塗り、スキンケア後は丁寧に美顔ローラーでマッサージを行い、日中は肌の負担軽減のため「オーガニック」をうたうファンデーションでメイクする、といったように……。

一見どれも肌にとって良い行動に思えますが、残念ながらこのようなことを毎日行っていると「肌本来が持つバリア機能」や「新陳代謝に必要な機能」に悪影響を及ぼし、肌トラブルにつながります。

「洗顔は、肌をスチームで温めて毛穴を開かせてから行うこと」「肌は、保湿すればするほどキレイになる」「無添加コスメって良いコスメ」などもはや一般常識のように広まっているこれらの美容情報は、実は科学的根拠があるものではありません。

ＳＮＳや各種メディアには多くの美容情報が掲載されていますが、ほとんどの情報は根拠があいまいであったり、受け取り手側が正しく活用できる形で伝わっていません。これはとても残念なことです。患者さんは、その情報に触れたとき「これで肌がキレイになる！」と思って信じてしまうのですから……。

正しい知識を持つことで、化粧品会社の宣伝に惑わされず、無駄なお金を使わず、肌トラブルも防げます。

私がどうしても伝えたいことというのは「正しい知識」です。

本書では、それを細かな項目ごとに分けて伝えています。

第1章では、美容好きなオトナ女子ほどやりがちな「悪習慣」をご紹介しています。

これまでよかれと思って時間をかけて行っていたことを「あれもダメ、これもダメ」と言われると、ショックを受けて読むのをやめたくなるかもしれません。

ですが、この本には科学的根拠があり、医師として実際に患者さんの悩みを解決してきた私が自信を持ってお伝えできることを記しています。ですので、おそらく「これを追加で行ってください」という情報よりも、「これはしなくていいですよ」「してはいけませんよ」というものの方が多いです。

この章を最後まで読めば、毎日のスキンケアの工程が楽になり、気持ちまでもフッと楽になります。さらに、いままでの悪習慣をやめることで、時間があまり、その分を好きなことに使えます。そして、キレイにもなれるのですから、ぜひ気楽な気持ちで最後まで読んでいただきたいです。

第2章以降では、そもそも毛穴トラブルがなぜ起こるのか、皮膚の構造を解説していきます。皮膚の構造は変わりませんから、これは永久保存版です。一度で読んで理解できなくても、何度も読むことで目には見えないご自身の皮膚を理解していくと良いと思います。

そして第3章からは具体的な対処法について日常で簡単にできる「最強美肌プログラム」をご紹介します。体によい水の選び方や飲み方、正しいスキンケア方法&日焼け止めの選び方のポイント、無添加化粧品のホントの話、健康的でハリとツヤのある皮膚をつくるために食事の見直し方法に加え、筋トレの方法もわかりやすくイラストでお伝えしているのでぜひ実践してみてください。

第4章では、当院でも行っている最新のメディカルエステをご紹介しています。セルフケアで毎日肌を健康に保っていただき、トラブルが起きた際は美容外科施術を頼った方が早く解決できます。悩みは一人で抱え込まず、ぜひプロを頼ってくださいね。最新の技術が搭載したマシンと、確かな技術と知識で解決を考えていきましょう。

本書によってこれまでの美容の誤解を解き、正しい知識を身につけることでひとりでも多くの方が肌の悩みから解放され、いきいきと幸せに過ごせることを心から願っています。

西宮SHUHEI美容クリニック　院長

山本　周平

もくじ

第2章 毛穴トラブルはなぜ起こる？

第3章 おうちでできる最強美肌のための8つの習慣

第4章　美容外科の施術で毛穴レスになれる！

第1章

ちょっと待った！
毛穴トラブルを引き起こす
12の悪習慣

やめること
リスト
1

美顔ローラー・マッサージ

摩擦するたび保水力もバリア機能も低下する！

むくみの解消や小顔を目指して、美顔ローラーやカッサを使ったり、自分でフェイスマッサージを行う方もいるでしょう。ですが肌に摩擦を与えるほど皮膚がたるんでしまうことをご存じでしょうか。

顔の皮膚は、筋肉（表情筋）と付着し細い繊維でできたじん帯によって顔の骨とつながっています。じん帯はゴムと同じで加齢や摩擦によって伸びていきます。伸びたゴムとなった皮膚は、上から下へとなだれのように垂れ下がってしまうのです。

とくに、**日本人は皮膚の表面が非常に薄く、欧米人の3分の2ほどの厚さしかありません。**

そのぶん摩擦にも弱いので、コロコロと美顔ローラーをあてたりフェイスマッサージをすると肌は傷ついてしまいます。

皮膚にある層の一番外側の角質層内で角層細胞同士の間を埋めている「細胞間脂質」には保湿成分があります。この主成分にあたるセラミドは、水分を保持するという優れた能力を持っています。セラミドが抱え込んだ水はどんなに過酷な環境でも蒸発したりせず潤いを保てるのですが、摩擦には弱いという特徴があります。例えば、枕に顔をこすりつけるだけで、水分を流出してしまうのです。

セラミドを失うと、保湿だけでなくバリア機能も一気に低下します。紫外線ダメージにも弱くなり、コラーゲンやエラスチンといった肌の若さを保つ成分もダメージを受けやすくなりますし、乾燥スパイラルに陥って毛穴が目立ち、毛穴が開くと吹き出物もできやすくなる場合があります。

肌をたるませず、潤いを保ち、毛穴を開かせない最も簡単な方法は、触らないことです。物理的な刺激を受けることで、毛細血管が拡張してホルモンバランスが崩れて、肝斑《かんぱん》が発症する可能性もあります。

摩擦をやめるだけで、肌はキメ細やかになっていきます。特に、目の下は表皮も皮下組織も非常に薄いため、少しの摩擦でもダメージを受けやすい場所。目のまわりをこすったり、マッサージをすることはやめるようにしましょう。

やめること
リスト

2

肌に残ったメイク汚れが皮脂と混ざって酸化！

長時間のメイク

長時間メイクをしていることは肌によくないとわかっていても、メイクオフするのは深夜になってしまうこともあるでしょう。残業や飲み会から帰ってきて、ついそのまま寝てしまい、次の日に落ち込む、という経験もあるかもしれません。

肌表面の表皮にあるバリア機能は強固にできているため、ファンデーションの成分が肌に入り込んでしまうことはありませんし、肌にのせるものなので刺激となる成分は原則的に使われていません。このため、一晩で急に肌の状態が悪化することはありません。

ただ、メイクをしてから何時間も経てば肌に残ったメイクや汚れ、大気汚染物質などが皮脂と混ざりあって酸化し、肌は清潔な状態でなくなっています。そのまま洗顔せずにベッドに入ってしまうと、毛穴の開きや黒ずみはもちろん、将来のしみやしわをつくる要因になりかねません。また、皮脂汚れに雑菌が繁殖し、かゆみや炎症を引き起こす可能性もあります。

さらに、ファンデーションやアイシャドウなどに含まれる顔料が、必要な皮脂や水分まで吸収してしまい、肌が乾燥状態になることもあります。長時間メイクを肌にのせていていいことはひとつもありません。

とくに、「ロングラスティング」「ウォータープルーフ」「皮脂や汗に強い」といったことをうたっているものや、カバー力の高いものは落ちにくく、肌への負担も大きいです。

一方、第3章でも説明しますが、「無添加」「オーガニックコスメ」が肌にいいかというとそうではありません。長時間のメイクはなるべく避けるようにしましょう。

やめること
リスト
3

シャワーを直に顔にあてる

強い水圧、高い温度がメラノサイトを刺激する！

たっぷりの泡でこすらずにやさしく洗顔をしていたとしても、**シャワーを直にあてて洗い流してしまうのはやめましょう。**シャワーの水圧は想像以上に刺激が強く、肌への負担となります。外部の刺激から守ろうと、肌が硬くなるため、つまった角栓がかえって取れにくい状態になってしまいます。さらに刺激によって肌が弱り、炎症が起きることで赤みや吹き出物が出現しやすくなり、くすみやたるみまで誘発します。

また、洗い流すときの水温が高いと、肌表面の必要な潤いはもちろんのこと、肌のなかの大切な油分まで奪ってしまうので注意してください。

水圧の強いシャワーや熱いシャワーを顔にあてると、メラニンをつくるメラノサイトを刺激します。細胞がメラニンを持って肌表面の角質層まで上昇し、蓄積するとしみになってしまいます。メラニンを含んだ細胞は、ターンオーバー（皮膚の表面で起こる細胞の生まれ変わり）が正常に働いているといずれ角質となって剥がれ落ちますが、メラニンは表皮全体に存在しているため、ピーリング等で表面の角質を多少剥がすだけで肌が白くなることはありません。

洗顔をするときは、30～35℃程度のぬるま湯を手にすくって行いましょう。洗い流すときも決してこすらず、皮膚にぬるま湯をあて、やさしくすすぎましょう。

洗顔方法を見直すだけで、肌のターンオーバーが促されるため、乾燥肌や赤み、吹き出物、くすみやたるみなどが改善し、毛穴も目立たなくなってきます。

やめること
リスト
4

しっかり洗顔・ピーリング

必要な水分や油分を落としてる!?

日本人は世界で一番洗顔をよくすると言われています。

朝起きて洗顔料を使って顔を洗い、夜はメイク落としと洗顔料でダブル洗顔を行っている方が多いのではないでしょうか。

洗顔料は洗浄力が高いため、朝ごしごしと洗ってしまうと、必要な水分や油分まで奪われてしまい、過剰に皮脂が分泌されるようになります。すると、正常な肌のターンオーバーが行われなくなり、乾燥やくすみ、毛穴の開き・黒ずみ、しわ、しみ、たるみなどあらゆるトラブルを招く原因となってしまいます。

皮膚は常在菌によって弱酸性に保たれてい

て、有害な菌が増えにくくなっています。表皮ブドウ球菌が皮脂をエサにグリセリンや脂肪酸をつくり出し、皮膚のバリア機能を保っているのです。

洗顔時に大切なのは、こうした本来の機能を妨げずに正常に保つこと。洗い過ぎて正常な皮脂まで落としてしまうことで、乾燥や湿疹、細菌感染症、アレルギーのリスクにもなってしまいます。ニキビ予防のため、一日に何度も顔を洗う方は、今すぐにやめましょう。洗いすぎで乾燥した表皮が角質層を厚くするため毛穴が硬化し、油分がつまってニキビが悪化します。スクラブや泥などの吸着系洗顔料も皮脂や潤いを奪ってしまいますし、酵素洗顔の分解酵素は肌にあるバリア機能まで分解してしまいます。ジェルや美顔器などを使った直後は改善されたように見えても、このようにリスクを伴います。

いくらやさしく洗っているつもりでも、洗顔は肌にとって大きな刺激となることを自覚しましょう。

クレンジング剤も長時間肌にのせると刺激になってしまいます。洗浄力の高いバームやジェルタイプのクレンジングのなかには、硬くて伸びが悪いものもあります。摩擦の原因になるためそのようなタイプは避け、軟らかくてメイクなじみがいいクレンジングオイルを選びましょう。

すすぎは、70〜80％割落ちたらOKというくらいの気持ちで。多少すすぎ残しがあっても、タオルでふいたりそのあと化粧水をつけたりするうちに、自然に汚れは落ちます。それよりも、摩擦による刺激のほうが肌への負担は大きいと考えてください。

やめること
リスト
5

自己流のケアはトラブルの原因
毛穴パック

毛穴の黒ずみが気になって、頻繁に毛穴パックをし、パック後に残った角栓を指で押し出したり、ピンセットで引き抜くなどしてしまうと、改善するどころかかえって毛穴の状態を悪化させてしまいます。

毛穴まわりの皮膚に圧力がかかると、角質層が硬くなって毛穴が目立つようになります。**毛穴の皮脂汚れは、決して無理に取ろうとしないでください。**

最も大切なのは、毎日の正しいスキンケアです。そして、新陳代謝を促す生活を送っていれば、次第に黒ずみも取れ、毛穴自体が目立たなくなってきます。

自己流のケアで角栓が取れたとしても、それは一時的なもの。毛穴のなかも常に新陳代謝を繰り返しているので、すぐに角栓ができてしまいます。「すでにある黒ずみをどうにかしたい」というときは、自分で対処しようとせず、美容クリニックで第4章で詳しく述べるダーマペンやコラーゲンピールなどの医療に頼るのがベストです。

繰り返しになりますが**ほとんどの肌トラブルの根源は摩擦や刺激**といっても言い過ぎではありません。

皮膚の摩擦を減らすことで、肌は柔らかくなり、キメが整うとともに、毛穴につまっていた皮脂や角栓が取れやすい状態になります。開いていた毛穴も引き締まって自然に目立ちにくくなっていきます。

毛穴パックはNG
摩擦や刺激を
減らしましょう

やめること
リスト
6

長時間のフェイスマスク

化粧水は肌の水分を補ってはくれない⁉

洗顔のあとは、お気に入りのフェイスマスクや、化粧水をコットンやシートマスクに含ませてパックをする、という方も多いのではないでしょうか。

使用時間の指定があるものを除いて、肌にフェイスマスクをのせておく時間は、基本的に3分までにしてください。5分、10分と放置してしまうと、肌の水分や皮脂をコットンに奪われてしまうからです。もしも、3分以内に渇いてしまったら、化粧水を足すのを忘れずに必ず湿った状態を保ちましょう。

「洗顔後軽く化粧水をつけただけでは肌がつっぱる」「フェイスマスクをしないと肌の

調子が悪い」という場合は、すでに肌の乾燥が進行しています。肌が乾燥する原因は、表皮の角質層が傷ついて皮膚のバリア機能が働かなくなってしまっているから。そんな状態でフェイスマスクをしたら、余計に皮膚がふやけて水分が蒸発しやすくなってしまうだけです。洗顔の頻度や方法を見直しつつ、肌の新陳代謝であるターンオーバーによって角質層が再生されるのを待つしかありません。

　また、化粧水は「肌の水分を補うもの」と思っている方も多いのですが、残念ながらそれは間違い。私たちの肌は、自分自身を守る生体防御のシステムが備わっており、決して異物を受け入れないようにできています。**どんなに優れた化粧水でも、肌にとっては「異物」**であり、化粧水の水分がそのまま肌の水分になることはありません。

フェイスマスクをしたときは「肌がぐんぐん化粧水を吸い込んでいる」と感じても、真皮はおろか、たった0・2ミリの表皮にすらとどまることができず、しばらく時間が経つと水分が蒸発し、また乾燥してしまいます。

　化粧水にできるのは、肌をクールダウンさせて炎症をおさえたり、美容成分で角質層の働きを整えることです。パックをしたところで肌の水分量が増えるわけではありませんので、誤解のないようにしてください。保湿が目的ではないので、保湿成分や美容成分をたっぷり配合した高い化粧水である必要もありません。

やめること
リスト
7

「長持ちする」や「劣化を防げる」は正しくない？

冷蔵庫で化粧水を冷やす

洗顔の最後に冷水で肌を引き締めたり、冷やした化粧水を肌に塗る方がいます。人によっては、脱衣所に化粧水専用の冷蔵庫を置き、保管している方もいるようです。

確かに、冷たい化粧水を肌に塗るときゅっと毛穴が引き締まるような気がしますが、それは一時的なもの。すぐにもとに戻りますし、「冷た過ぎる」という温度変化も肌にとっては大きな刺激になります。

繰り返しになりますが、化粧水の目的は保湿でも毛穴の引き締めでもなく、肌表面の角質層を整えることです。表面を整えるために、冷たい化粧水である必要はありません。

とくに、入浴後の肌はお風呂の蒸気でふやけて柔らかくなっているので、刺激を受けやすい状態になっています。こういったときはコットンの摩擦さえもダメージの原因になります。常温で保管した化粧水を手で軽くあためて、肌になじませるようにしましょう。

また、冷蔵庫に入れたり出したりといった温度変化によって、化粧品の品質の安定性が損なわれる可能性もあります。そもそも、化粧水は冷やすことを想定してつくられていません。メーカーによってはウェブサイトで注意として記載していることもあります。

温度変化が起こることで製品が劣化しやすくなってしまいますし、発生した結晶などが、肌にとって負担となる場合もあります。製品の用法をよく読み、正しい保管方法を心がけるようにしてください。雑菌などが繁殖したり、美容成分などの性質が変わってしまうことで、角質層の働きを整えるはずの化粧水が、逆に肌に刺激や負担を与えることになりかねません。

やめること
リスト
8

日焼け止めを塗るのは夏だけ

紫外線はメラニン色素を増やすだけじゃない！

肌の老化を進める一番の要因は、紫外線です。紫外線を浴びると、メラニンが大量発生し、皮膚の新陳代謝の過程で排出しきれず、しみやそばかすとなって残ります。

紫外線にはＵＶＡ（紫外線Ａ波）とＵＶＢ（紫外線Ｂ波）がありますが、ＵＶＡは真皮を構成しているコラーゲン線維に変性を起こしてしまいますし、紫外線により発生した活性酸素は細胞の酸化を引き起こし、しわやたるみの原因にもなります。

さらに**紫外線は、肌老化の大きな原因であるＡＧＥ（終末糖化産物）も増やします。**ＡＧＥが生じるとコラーゲンを分解する酵素がつくられるため、コラーゲンとエラスチンの弾力がなくなり、肌がたるんでしまいます。真皮のＡＧＥ値を調べたところ、日光があたりにくい部位は低いのに対し、鼻の上や額など、日光のあたりやすい場所は値が高くなっているという調査結果もあります。

コラーゲンの糖化によるＡＧＥの形成量は20代前半から少しずつ上昇しますが、その程度は食事内容と日焼け度合いに比例するといわれます。また、日光にあたると真皮だけでなく表皮にもＡＧＥが増加し、皮膚のしなやかさがなくなります。

現代は環境破壊などの影響で紫外線の害が昔よりも大きくなっているので老化を防ぐケアとしても有効です。**紫外線は、季節や天候に関係なく降り注いでいるのです。**毎朝のルーティンケアとして日焼け止めクリームを塗り、日傘やサングラスなども併用しながら紫外線の悪影響を最小限に食い止めましょう。

日焼け止めを塗るときも摩擦を与えないよう、やさしくのせるようにしてください。

やめること
リスト
9

甘いもの・糖質の摂り過ぎ

太るだけでなく肌の老化物質も増えてしまう!

朝食はパン、昼食は外食で麺類や丼もの、夕食も炭水化物過多……という食生活をしている方もいるでしょう。スイーツが好きで、休みの日には話題のカフェへスイーツを食べに行くのが趣味、という方や、常に家にチョコレートをストックしておやつに食べている、という方もいるかもしれません。

糖質は体内で筋肉や脳を活動させるためのエネルギー源ではありますが、実際に必要な量はごくわずかです。消費しきれなかった糖質は、中性脂肪として皮膚の下(皮下脂肪)や内臓(内臓脂肪)の脂肪細胞にストックされてしまいます。

それだけでなく、糖質はたんぱく質と結びつくことで「糖化」し、老化の原因となる「AGE」をつくり出してしまいます。体内のAGEは年齢を重ねる度に増えていきますが、食事の糖質量などにも比例するため、食生活の改善で抑制することが可能です。

さらに、糖質ばかり摂っていると、美容のために最も積極的に摂りたい栄養素であるたんぱく質が不足してしまいます。たんぱく質は、筋肉や骨、皮膚、血液などの主成分です。代謝を促すホルモンの多くはたんぱく質を材料にしてつくられますし、全身の筋肉量を増やす手助けにもなります。代謝を高めるためにも、**筋肉をつくってくれるたんぱく質の摂取は最重要事項です。**

糖質中心の食生活ではたんぱく質の十分な摂取量が確保できない恐れがあります。詳しくは第3章で説明しますが、必須アミノ酸の含有量が多い肉や魚、卵などから動物性たんぱく質を積極的に摂取するようにしましょう。糖質はなるべく少なくおさえて、そのぶんたんぱく質は、糖質の3倍多い量を心がけてください。成人女性であれば、一日の摂取エネルギーは1400~2200㎉が目安とされています。その摂取エネルギーの50~65%を炭水化物（糖質）で摂るのが一般的です。例えば、2000㎉なら1000㎉前後。糖質は1gが4㎉ですので、250gくらいの量が目安になります。それを1/3、1/4に減らして、たんぱく質をその分摂ることをおすすめします。

いきなり食生活を変えるのが難しい場合は、食べる量や回数から徐々に改善していきましょう。

やめること
リスト
10

皮膚に使われるはずの代謝酵素が消化のために奪われる！

3食しっかり食べる

身体は毎日、現代的な食事による余分な毒素にさらされ続けて疲弊状態にあります。食べ物を消化するとき、身体はものすごくエネルギーを必要としていて、摂取したカロリーの約80％は消化吸収や熱産生のエネルギーに使用されています。

「3食食べないと頭が働かないし、おなかが空く」という方もいますが、**一日3食が当たり前というのは単なる固定観念に過ぎません。**一日1食でも頭は活発に働きますし、むしろ一食の方が、全身の細胞が若返り、美肌を手に入れることができるのです。

食べ過ぎの弊害について、詳しくは第3章

でお伝えしますが、食べ物を消化するためにあらゆる器官で分泌される消化酵素が大量に使われます。生活を続ければ、アミノ酸はもちろん、ビタミンやミネラルも浪費され、代謝酵素にまわす栄養素やエネルギーが不足します。代謝酵素の量が減り質が落ちると、古い細胞が新陳代謝されないなどあらゆる体内の反応が滞り出します。

空腹を感じたら、その食欲が本当に空腹によるものかを見極めましょう。直前の食事からそれほど時間が経過していないのであれば、それはストレスによる「ニセの空腹」かもしれません。

人間は、強いストレスを受けると、さらに強い刺激でそれを打ち消そうとします。味の濃いものや脂の多いもの、甘いものなどの摂取は強い刺激となるので、つまり、こういったものが食べたくなるのはストレスの影響もあるということです。

ウォーキングや軽いジョギングといった運動をすることで、幸福ホルモンである「セロトニン」が分泌されます。また、運動は食欲を増進させる「グレリン」の分泌をおさえ、逆に満腹ホルモンである「レプチン」の分泌を促すため、食欲もおさえることができます。**食欲を感じたら、軽い運動を行ってレプチンの分泌を促してみましょう。**

やめること
リスト

11

ニコチンで皮膚の代謝がどんどん低下！

たばこ・飲酒

喫煙は、美容にダイレクトに影響を与えます。一日20本たばこを吸う生活を50年間続けると、非喫煙者の4・7倍ものしわができてしまう、というデータがあります。実際に私も、診察や街中でお顔を拝見するだけで喫煙者はすぐにわかります。血流が悪いため、顔の血色がよくなく、しわやたるみ、しみ、くすみも多いからです。

喫煙によって身体に酸化ストレスがかかると、しみやしわ、毛穴の開きが促進されます。ニコチンが毛細血管を収縮させるため、血流が悪くなり、皮膚に栄養が行きわたらなくなって、肌のバリア機能も低下してしまいます。

また、ニコチンは、抗酸化作用や毛穴の引き締め作用、代謝促進など肌にとって優れた作用をもたらしてくれる体内のビタミンCを破壊します。若いうちは大丈夫だと思っていても年齢を重ねると必ず後悔しますので、今すぐにやめたほうがいいといえます。

アルコールも、飲まないにこしたことはありません。「アルコールはリラックス効果がある」「ワインにはポリフェノールが入っている」「日本酒にはアミノ酸が豊富だ、乳酸菌が入っている」などのメリットもないわけではありませんが、健康や美容面からすると飲む必要はありません。これら全てのことは、ほかのことでそれ以上に代用できるからです。

最も大きなデメリットは、**利尿をおさえるバソプレシンというホルモンの働きを阻害して利尿作用が働き、脱水が起こってしまうことです。**

また肝臓では、小腸から吸収されたアミノ酸を合成してたんぱく質をつくっています。そして、肝臓は糖質や脂質の代謝にも関わります。そこに、アルコール分解という仕事をさせてしまうと負担が大きくなり肝臓が疲弊し、さまざまな代謝が低下します。

さらにアルコールを分解する際に、美肌づくりの手助けをしてくれるビタミンやミネラルも消費されてしまいます。

私もウイスキーやブランデーが好きですが、会食以外の場では飲むことをひかえており、飲むときは水を用意して注意しています。習慣的な飲酒はやめ、飲むときは水分補給を忘れずに。

やめること
リスト
12

美肌成分が生成されるのは寝ている間だけ！
睡眠不足

睡眠中、自律神経は副交感神経が優位になり、身体は休養モードに入っています。このときに脳から出る成長ホルモンの分泌が高まり、肌細胞に働きかけ、保湿成分やコラーゲンなどの生成を促進します。

睡眠時間が不足していると成長ホルモンが十分に分泌されず代謝も低下。ホルモンバランスが乱れて皮脂分泌が活発になり、毛穴が開いたり、肌荒れを起こしやすくなってしまうのです。

私たちの身体には驚くほどの自己再生能力が備わっていますが、その力を十分に発揮させるためには、肌だけなく身体が健康でなければなりません。身体が不健康なのに、肌だけはキレイ、ということはなく、身体が健康でいられる生活を送ることが美肌への近道です。健康のために、睡眠時間を確保しましょう。

また、美容のためには筋肉をつけて代謝を上げ、めぐりのよい身体になることも重要ですが、筋肉をつけるためにはトレーニングだけでなく、十分な休養も必要。筋肉を休ませるためにも、睡眠は重要なのです。

睡眠は、時間だけでなく質にもこだわってほしいと思います。寝る直前に食事を摂ると、消化器官が消化吸収のために活動しなくてはならず、身体が休まらないため、成長ホルモンの分泌にマイナスの影響があります。詳しくは第3章で説明しますが、成長ホルモンは睡眠に入って1・5～3時間後に最も多く分泌されることがわかっていますので、このタイミングで深い眠りにつけるように、寝る前には食事を避けるなど気をつけましょう。

美容皮膚科医が教える「完全毛穴レス肌」を叶える8つの美肌習慣

第2章

毛穴トラブルはなぜ起こる？

毛穴トラブルの種類と特徴を理解しよう

「毛穴のトラブル」とひと言で言っても、角栓のつまりや毛穴の黒ずみ、毛穴の開き、たるみ、ニキビやニキビ跡など多岐にわたります。本書では毛穴トラブルを、「つまり毛穴、たるみ毛穴、傷跡毛穴」の3種類に大別して44ページ以降でそれぞれの原因について解説していきたいと思います。まずは鏡に顔を近づけ、毛穴の状態をチェックしてみましょう。

パターン1

つまり毛穴の原因を知ろう

文字通り、毛穴の出口に皮脂などの汚れが「つまっている状態」のことです。過剰な皮脂やメイク、汚れを放置すると毛穴の出口をふさぐように皮脂がつまり、空気に触れることで酸化して固くなり、黒ずみ毛穴となります。毛穴が黒ずむと透明感や清潔感のない印象の肌になってしまいます。

Check List

- □鼻の毛穴が黒ずんでいる
- □毛穴に何かつまっている
- □生理前になると毛穴がいつもより目立つ
- □糖質や脂質の多い食事が好き
- □ストレスの多い毎日を送っている

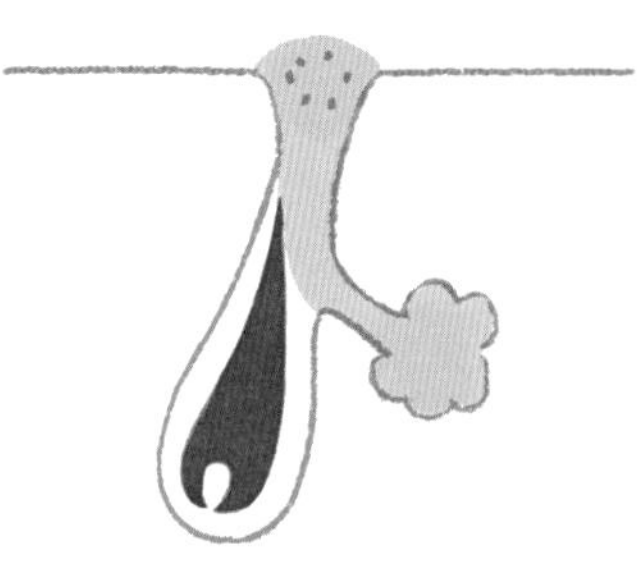

パターン2

たるみ毛穴の原因を知ろう

たるみ毛穴の特徴は、毛穴が楕円形にたるんでいること。加齢などで皮膚の弾力が失われると、毛穴もゆるみ、さらに毛穴同士がつながっているように見える場合も。とくに目の下や頬のあたりに見られます。目じりのあたりを斜め上に軽く引っ張ってみて、毛穴が目立たなくなるようならたるみ毛穴です。

Check List

- □肌のハリがないように見える
- □頬の毛穴がたるんでいるように見える
- □毛穴同士がつながっているように見える
- □皮膚を斜め上に引っ張ると毛穴が目立たなくなる
- □日焼け止めを塗る習慣がなく、日焼けをしている

パターン3

傷跡毛穴の原因を知ろう

ニキビや炎症が同じ箇所に繰り返しできたり、毛穴の汚れを毛穴パックなどで無理に取っている方は、その部位が本来の毛穴よりも大きくなって、削り取られたような状態になることがあります。これが傷跡毛穴です。こうなるとホームケアでもとに戻すことは難しく、美容医療に頼るのが賢明です。

Check List

- □肌が削り取られたような状態である
- □クレーターのような凹みがある
- □ニキビ肌の悩みがある
- □ニキビをつぶしたことがある
- □市販の毛穴の汚れ除去のためのパックなどを繰り返し使っている、使っていたことがある

パターン

つまり毛穴

皮脂には、肌表面にとどまりやすい性質がある

つまり毛穴の原因は、皮脂の分泌が過剰になり、毛穴につまることです。そもそもなぜ皮脂は分泌され、さらにつまってしまうのでしょうか。

皮脂とは、皮脂腺から分泌される脂のことで、乾燥や紫外線などの刺激から肌を保護する役割があります。もともと皮膚を保護するために分泌されるのが皮脂なので、表面にとどまりやすい性質を持っているのです。つまり、盛んに分泌されるとそこにとどまり毛穴がパンク状態になっても膨らみ続け、毛穴がどんどん広がっていきます。さらにファンデーションや汚れが混ざって、さらに空気に触れることで酸化し、黒ずんでいきます。

皮脂は、ホルモンバランスの変化や食生活によって分泌量が変わります。皮脂の分泌を促すのは、男性ホルモンです。ストレスフルな生活を送っていると男性ホルモンが多くなり、皮脂分泌量が増えます。また、2種類の女性ホルモンも影響がないわけではありません。肌の潤いを増やしてくれるエストロゲンは生理が終わると多く分泌されて肌の調子がよくなりますが、生理前は妊娠に備える機能があるプロゲステロンの分泌量が増え、皮脂分泌も増える傾向にあります。

ちなみに、男性は男性ホルモンの分泌が多

いのに、毛穴に悩んでいる方は女性ほど多くありません。これは、男性は女性に比べて肌のキメが粗く、毛穴も大きいので、洗顔をきちんとしているだけでつまりにくい状態を保つことができるからです。またメイクによって毛穴をふさぐリスクもないことが関係していると考えられます。

食生活においては、糖質・脂質の多い食べ物を摂り過ぎたり、満腹まで食べることも過剰な皮脂の分泌を招きます。

ならば、洗顔をして余計な油脂を取り除けばいいのではないかと思うかもしれませんが、洗顔のし過ぎも実は皮脂分泌を増やしてしまう原因のひとつです。洗顔をし過ぎると乾燥が進むため、余計に肌を守ろうと皮脂が分泌されてしまうのです。

毛穴に皮脂がつまっているだけなら、スキンケアや生活を見直すことで改善できる場合がありますが、皮脂が酸化して黒くなってしまっているときは、自宅のスキンケアで改善するのは難しいです。一時的に黒ずみが改善されたとしても毛穴は広がったままなので、すぐに元通りになってしまうでしょう。

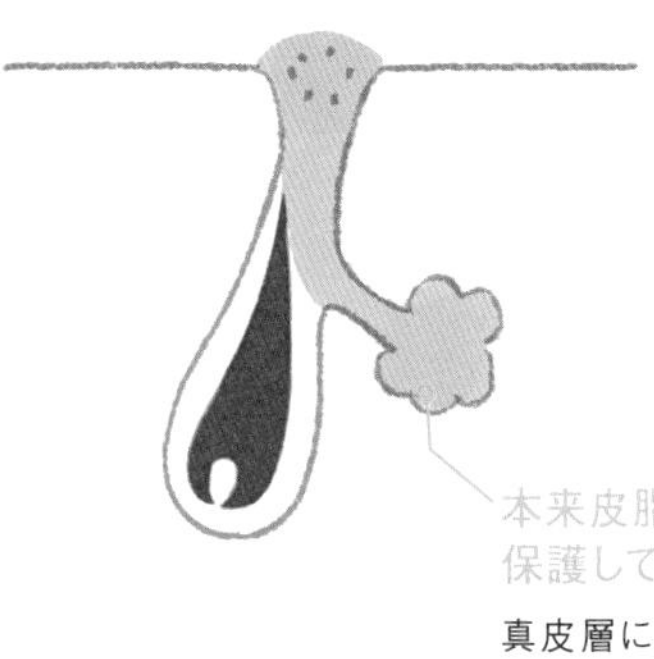

真皮層にある皮脂腺。
皮脂は毛穴から排出され、表皮を保護する。

パターン②

たるみ毛穴

加齢以外にも、細胞分裂のエラーはすぐ起きる

肌の弾力は、コラーゲンやエラスチンなどのたんぱく質によって保たれています。しかし年齢を重ねると細胞分裂のペースが衰え、コラーゲンやエラスチンがつくられにくくなります。すると、ハリが失われ、毛穴がたるんできてしまいます。頬のあたりの傷跡毛穴が加齢によってたるむ場合もあります。

コラーゲンやエラスチンは肌の奥深くの「真皮」にある物質ですが、化粧品は肌表面の角質層にしか浸透せず、ましてやコラーゲンやエラスチンは分子が大きいため外から入れようとしても真皮には到達しません。つまり、加齢によるたるみ毛穴は基礎化粧品で改善することはできず、美容医療に頼るのが賢明です。

たるみ毛穴の原因は加齢のほかにもあります。紫外線や活性酸素、その他の刺激などで細胞がダメージを受けると、修復を図るために細胞分裂が促されますが、このとき細胞分裂に「エラー」が起き、破損されたコラーゲンやエラスチンをつくってしまうことがあります。すると、加齢と同様にしわやたるみが発生します。細胞がダメージを受ける最大の刺激は紫外線ですが、化粧品の成分や皮膚の摩擦による刺激も軽視できません。市販の化粧品は刺激が強いものも多く、注意が必要で

す。刺激を与える度に、細胞分裂が起こりコラーゲンやエラスチンの生成を乱すことを忘れないようにしましょう。

　糖質の多い食生活もたるみ毛穴を進行させる原因のひとつです。糖質は身体の主要なエネルギー源ではありますが、実際に必要な量は多くありません。必要量を超えた糖質は脂肪となって蓄積し、体内のブドウ糖がたんぱく質と結合することで茶褐色の「ＡＧＥ」を生成してしまいます。ＡＧＥが生じるとコラーゲンを分解してしまう酵素が体内で多くつくられてしまいます。結果、コラーゲンが壊され肌の弾力性が低下して真皮が薄くなり、毛穴のたるみが進んでしまうのです。

　また、「活性酸素」も皮膚の細胞を傷つける要因です。活性酸素とは、酸化力が強い酸素の一形態で、身体のなかの細菌やウイルスと戦ってくれます。一方で過剰に増えると強力な酸化力がマイナスに働き、正常な細胞を傷つけてしまいます。このため、抗酸化成分が含まれた化粧品を塗ったり、糖質を控えた食生活を心がけることもたるみ毛穴の改善に効果があります。

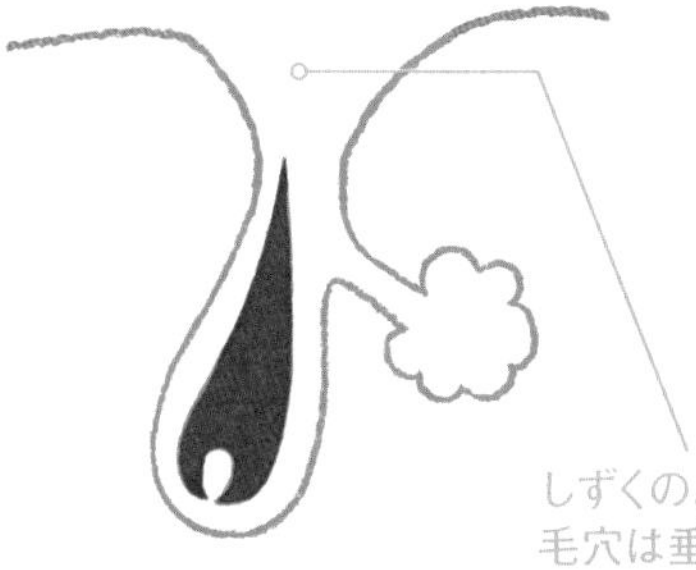

しずくのように
毛穴は垂れ下がる

コラーゲンやエラスチンの生成が衰えると、毛穴周りの表皮を支えられなくなる。

パターン3

傷跡毛穴

毛穴掃除は全てNG。角栓は代謝させて取る！

傷跡毛穴の原因は、間違ったニキビの対処や、過剰なスクラブ洗顔、角栓を取るための毛穴パックなどです。市販の毛穴パックや毛穴を洗う「洗顔ブラシ」の使用、スクラブ入りの洗顔料の使用、プッシャーや爪などで角栓を押し出そうとすることは、絶対に避けてください。洗顔時に小鼻をマッサージしたり、コットンなどでこすることもNGです。

これらの行為で肌がダメージを受けてしまうと、乾燥して角質層が硬くなり、かえって毛穴が目立つようになります。角質層が硬化して厚みが増すと毛穴は余計につまりやすくなってしまいますが、さらに皮膚はそれを解消しようと、炎症を起こして毛穴の出口を広げ、皮膚をえぐってしまうことがあります。これが、傷跡毛穴ができるメカニズムです。肌が自らを守るために毛穴の出口を広げようとする結果、傷跡のようになってしまうのです。

そもそも、角栓は無理に除去しようとする必要はありません。角栓は、毛穴のなかに雑菌などが侵入しないように守ってくれているものなので、無理やり引き抜くと雑菌が繁殖し、ニキビや炎症の原因になります。また、毛穴のなかも代謝をしているので、たとえ角栓を取ったとしても24時間以内に必ず再生しはじめます。引き抜くのではなく、**毛穴の代謝を促して自然に排出されやすいような状態を目指しましょう。**

医師が介入しないピーリングも注意が必要です。エステなどでピーリングをし過ぎると角質が薄くなり、ツルツルとしたビニールのような薄い肌になります。一見、ハリがあるように見えますが、ビニール肌は皮膚の角質層が薄くなっていて、水分と脂分のバランスが崩れた状態です。抵抗力が低下しているため外部からダメージを受けやすく、少しの刺激で角質が剥がれてしまいます。また、肌内部に蓄積していた水分も蒸発しやすくなり、肌荒れや乾燥などを引き起こします。

市販のピーリングジェルを使用した場合は医療現場で使われるものよりも濃度がかなり薄いため、ピーリング本来の目的を果たすとは言えません。ぽろぽろと剥がれ落ちるものは角質ではなく、ジェルに含まれているゲル化剤が固まっているだけ。使用後に肌がツルツルとしたように感じるのは、界面活性剤によって皮膚の潤いを保っている皮脂やセラミドが奪われているだけです。

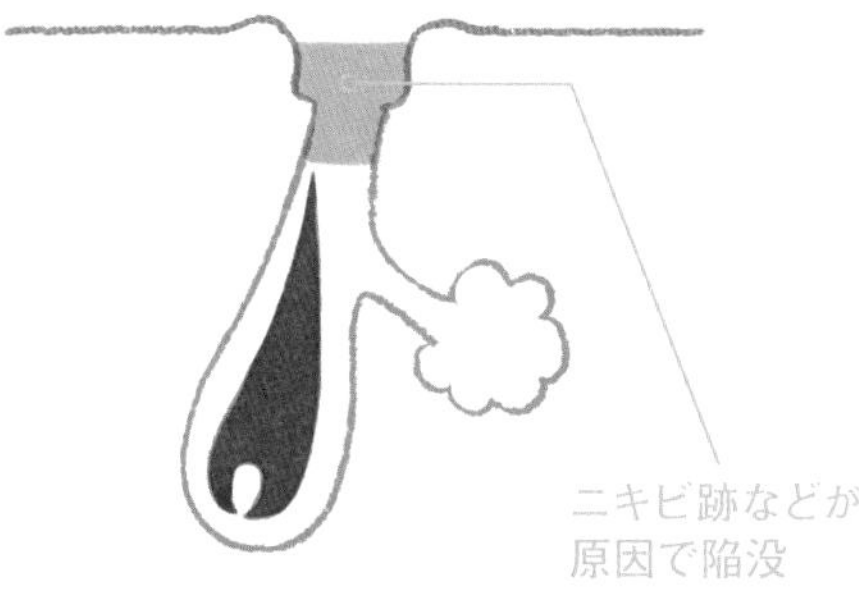

毛穴に角栓が溜まり過ぎたり、ニキビを正しく対処しなかった場合に毛穴が凹んでしまう。

ニキビはなぜできる？

皮脂の分泌量が増え、毛穴に皮脂がつまると、毛穴の中のアクネ菌が閉じ込められます。

アクネ菌は本来、肌にとって大切な皮膚常在菌の一種。皮脂を分解してくれるほか、肌を弱酸性に保って雑菌の繁殖を防いでくれます。つまり、アクネ菌が悪いわけではなく、ニキビができる原因は過剰な皮脂が毛穴につまることです。

ニキビは、進行の度合いによって色が変わります。毛穴の出口に皮脂がつまり、盛り上がっている状態のものは白ニキビ（図の第一段階）。炎症を起こす寸前の状態です。

アクネ菌は空気を嫌い密室を好む嫌気性菌で、さらに皮脂が大好物なので、毛穴のなかで増殖し、炎症の原因になります。この状態が赤ニキビです（図の第二段階①）。

つまった毛穴のなかで皮脂をエサにアクネ菌が増殖すると、身体は活性酸素を発生させてアクネ菌を攻撃します。悪化すると、黄ニキビになります（図の第二段階②）。

ここまでのニキビの状態であれば、つぶしたり刺激を与えず適切なケアを行っていればキレイに治ります。ただ、炎症が大きかったり途中でニキビをつぶしたりすると色素が沈着してニキビ跡になったり、炎症が真皮にまで及んでクレーターになることもあります。

ニキビの進行

初期段階

毛穴がつまった状態

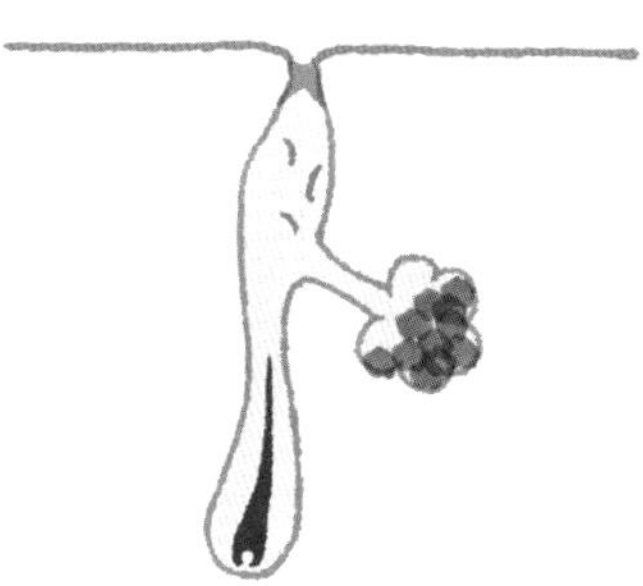

本来は肌表面に排出されるはずの皮脂が毛穴につまり、たまり始めている状態。

第一段階

白ニキビ

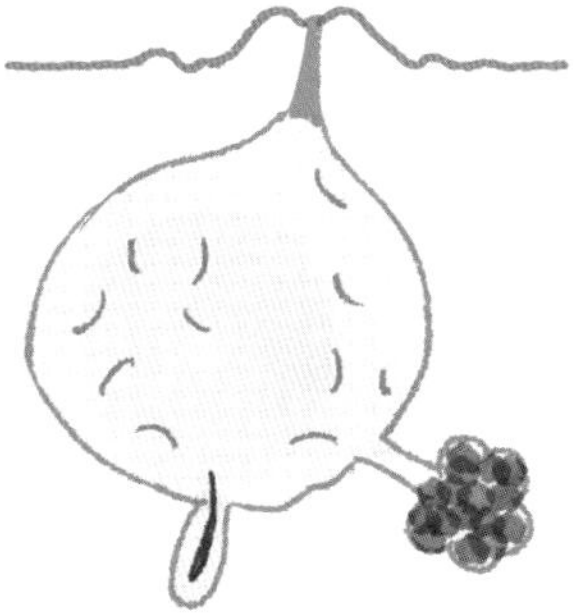

ふさがった毛穴に皮脂がたまり続け、この皮脂を栄養としてアクネ菌が増殖。白ニキビへと進行。

第二段階①

赤ニキビ

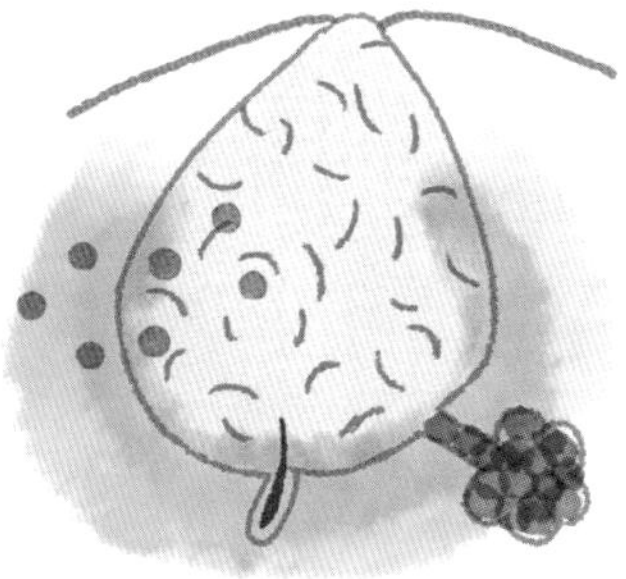

菌の増殖をおさえようと身体が抵抗し、炎症を起こす。赤く腫れて赤ニキビに変化する。

第二段階②

黄ニキビ

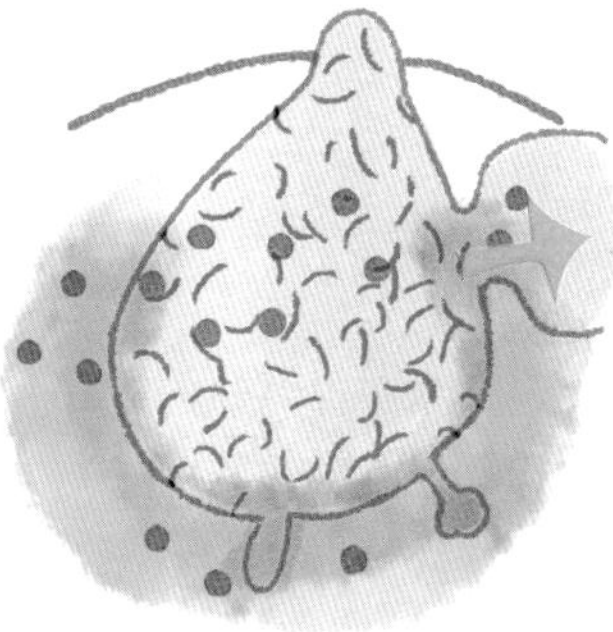

うみや痛みを伴った症状へ進行。重症化したニキビの状態は色素沈着やニキビ跡の原因に。

そもそも、皮膚の役割とは？

4つの大切な機能

皮膚の構造を知り、その役割を把握することは、毛穴トラブルの原因や対処法についての理解を深めることにつながります。皮膚にはどのような役割があるのか？　外界に接し、あらゆる機能を発揮しながら身体を守ってくれている皮膚の4つの働きについて、まずは説明します。

①水分の喪失を防ぐ

皮膚は体内から水分が失われるのを防いでくれます。皮脂腺から分泌される脂である皮脂が皮膚を覆って水分を蒸発から守り、細菌の繁殖も防ぐ役割を担います。

②体温を調節する

暑いときには汗を出して体内の熱を放出させて体温を調節。寒いときは立毛筋という筋肉を収縮させて体温が奪われないように調節する役割があります。

③体外の刺激から身体を守る

外界の敵から身体を保護する作用は最も知られた皮膚の役割です。摩擦などの物理刺激だけでなく、病原菌や化学物質、紫外線などからも守ってくれます。

④感覚器としての役割

「痛い」「熱い」「冷たい」「かゆい」など、肌に物が触れたときに身体に警戒を伝える作用が皮膚にはあります。「痛い」という痛覚が最も敏感です。

皮膚のしくみとその構造

皮膚は、外側から表皮、真皮、皮下組織の3層構造で成り立っています。表皮は厚さが0・2ミリほどで、上から角質層、顆粒《かりゅう》層、有棘《ゆうきょく》層、基底層に分かれています。その内側にある真皮は、1〜5ミリと表皮の厚さの約5〜25倍もあり、体重の15〜20%を占める巨大な組織です。一番下の皮下組織には脂肪が蓄えられています。

この3つの層はいずれも身体にとって大切な役割を果たしますが、とくに毛穴や見た目の美しさに関わってくるのが、表皮の下の真皮です。真皮はコラーゲン線維、エラスチン線維、細胞外マトリックスという3つの組織で構成されています。肌のカタチを下からしっかり支えているのがコラーゲン線維で、真皮の成分の75%を占めます。その柱を束ねているのがエラスチン線維です。この2つは弾力に富んでいるのが特徴で、とくにコラーゲン線維は3本のファイバーが合わさったようになっていて、しなやかさと強度がります。肌がピンとしたハリをキープできるのは、真皮のこの構造のおかげなのです。

年齢を重ねると、真皮が老化によって理想の状態を維持できなくなり、真皮が支えていた表皮の水分量も減って乾燥したり、皮膚がゆるんだり、やせて皮膚がたるんでしまったりします。この変化が、毛穴トラブルやしわ、たるみ、しみ、くすみの原因となります。

表皮

ケラチン（たんぱく質）細胞で構成されています。厚さは0・2ミリほどで、肌を保護したり、水分の蒸発を防いだりする役割があります。基底層から出されるメラニンは、有害な紫外線から身体を守るバリア役を果たします。老化が進むと水分が失われ、乾燥してかさかさとしてきます。

真皮

厚さは1～5ミリほどでコラーゲン線維、エラスチン線維、細胞外マトリックスで構成されています。毛細血管網がはりめぐらされています。肌の弾力性に最も関係があり、汗を出すための汗腺、体毛の根元にあたる毛のう、皮脂を分泌する皮脂腺などがあります。老化が進むとハリをキープするのが難しくなり、ゆるんでいきます。

皮下組織

脂肪細胞で構成されています。身体のクッションになっているとともに、エネルギー貯蔵庫、体温保持の役割もあります。老化が進むとやせてたるんできます。

皮膚の基礎知識
として3層の
働きを覚えましょう

皮膚構造の断面図

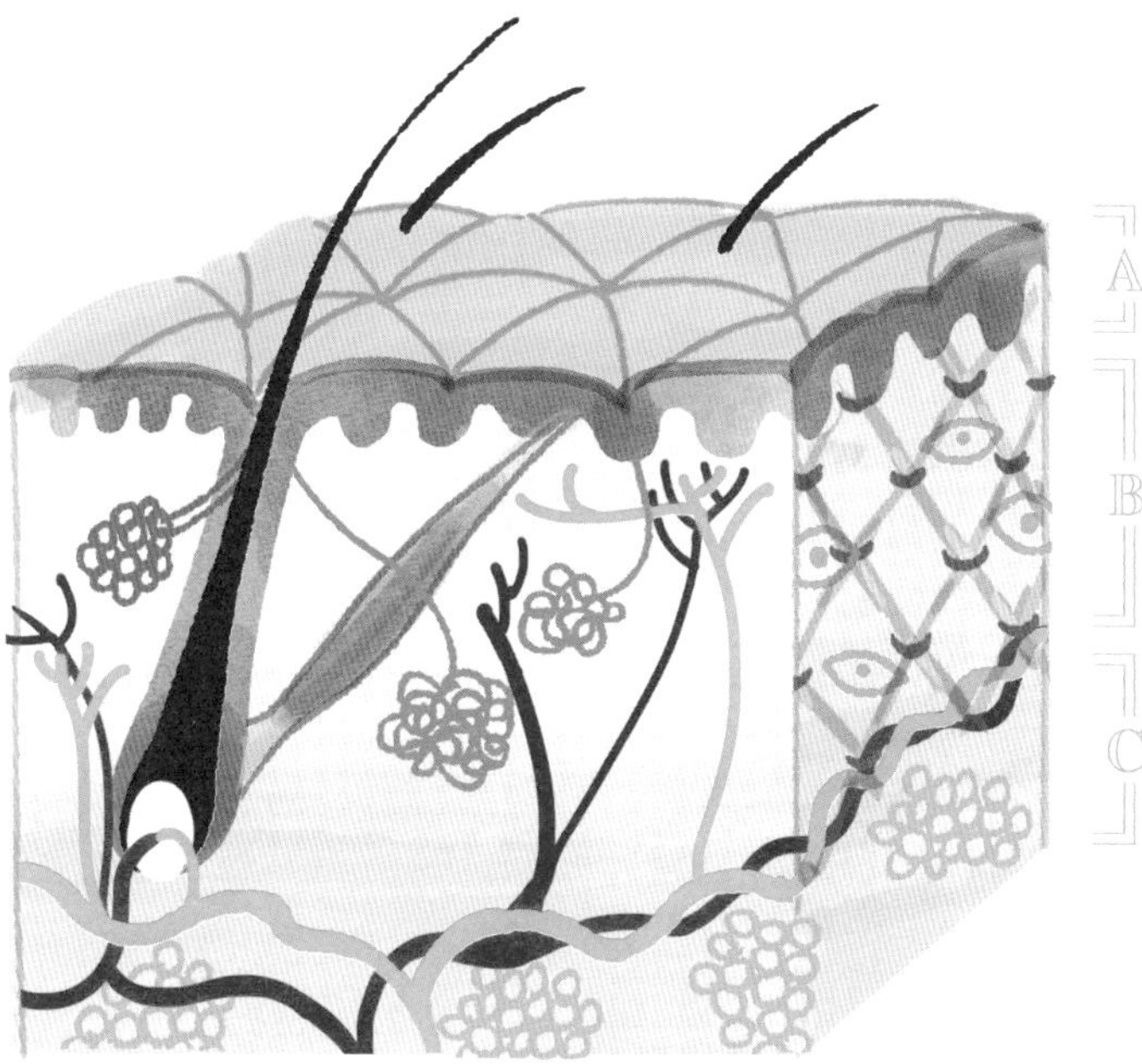

A

表皮

約0.2㎜

皮膚の表面にある層で、外界からの保護壁。上から順に、角質層、顆粒層、有棘層、基底層の4層で構成されている。

B

真皮

約1～5㎜

主に肌の弾力やハリを保つ層。コラーゲン・エラスチン線維のほか、神経や皮脂腺などの重要器官も集まっている。

C

皮下組織

真皮の下にあり、脂肪をつくり、蓄えている層。エネルギー代謝や外界に対してのクッションの役割もある。

化粧水は表皮にしか届かない

ちなみに、市販のスキンケアアイテムは、表皮のなかでも一番外側の角質層にしか届きません。スキンケアアイテムに含まれているコラーゲンやヒアルロン酸などの多くの美肌成分や細胞活性成分は、さらに奥の「基底層」や「真皮」に届かないと効果を得られません。「でも、化粧水や乳液によって肌に水分を入れることは意味があるのでは？」と思われるかもしれませんが、これも間違いです。前述したように、肌には体外の刺激から身体を守る役割があります。どんなに優れた化粧水でも、肌にとっては刺激であり、化粧水の水分がそのまま肌の水分になるということはありません。

保湿力の高い化粧水を塗ると、肌がしっとりとする感じや、肌が化粧水を吸い込んでいるような感じがするかもしれませんが、それは幻想。実際には、角質層の表面が保湿成分の膜で覆われただけです。最も外側の角質層を整えても毎日剥がれ落ちてしまうので、化粧水にお金や時間をかけるのは正直もったいないと思います。

とはいえ、まったく無意味かというとそうでもなく、化粧水には角質層の表面を引き締めたり、キメを整えたりする効果は確かにあります。ただ、言い換えればそれしか役割がないということ。化粧水には過度に期待し過ぎないほうがいいでしょう。

化粧水をコットンやシートマスクに含ませて行うパックも、水分を補給するのが目的ではなく、肌をクールダウンさせて乾燥による炎症をおさえるのが目的です。セラミドなど一部の成分は、角質層の構造を整えることができるので補給する意味がありますが、このような有効な美容成分を含まない化粧水でパックをすると、水分が余るだけです。さらに、角質層の主成分である「ケラチン」は水分を含み過ぎると弱り、ふやけてしまいます。角質層の構造が乱れて、肌バリアがさらに弱まり、余計に水分が蒸発しやすくなるという負のスパイラルに陥ってしまうこともあります。

化粧水をたっぷり塗るリスクはそれだけではありません。化粧水は、どんなに優れた成分でも中身の100%がいい成分ということはなく、必要以上に塗るとリスクにもなります。例えば、化粧品によく含まれるパラベンのような防腐剤は少量なら問題ありませんが、量が増えると刺激になることがあります。

本来、角質層は水分や脂分を適切に保つ機能を持っているため、本来の機能を妨げるような刺激を与えなければ肌は常に潤います。

「そう言われても、洗顔後は肌がつっぱるから、すぐに化粧水や乳液をつけないと乾燥してしまう!」という方もいるでしょう。

肌が乾燥するのは、角質層の水分と脂分が不足しているか、角質層が傷ついて肌のバリア機能が働かなくなっているかのどちらか。洗顔後にすぐに化粧水や乳液をつけなければいけないほど乾燥が進んでいるとしたら、洗顔方法が間違っているか、肌のバリア機能が働かなくなっているといえます。そうなると、皮膚のターンオーバーによって角質層が再生されるのを待つしかありません。

ターンオーバーの日数＝年齢に比例

表皮は日々新しく生まれ、角質層となり古い表皮が肌の表面に押し上げられて、最後には剥がれ落ちていきます。この生まれ変わりを「ターンオーバー」と言います。

ターンオーバーの日数は年齢にほぼ比例します。

もちろん、生活習慣などによって個人差はありますが、基本的に年齢を重ねればそのぶん新陳代謝に要する日数も増えます。

ターンオーバーの間隔が長くなるということは、そのぶん不要な古い表皮が肌の上にとどまっている時間が長いということ。ただ、悲観する必要はありません。第3章で紹介するような生活を続け、最新の美容医療で正しい治療を行えば、新陳代謝を活発にすることは可能です。5年前、10年前よりもターンオーバーを促進させ、若々しい肌を手に入れることもできるのです。

表皮のターンオーバーのしくみ

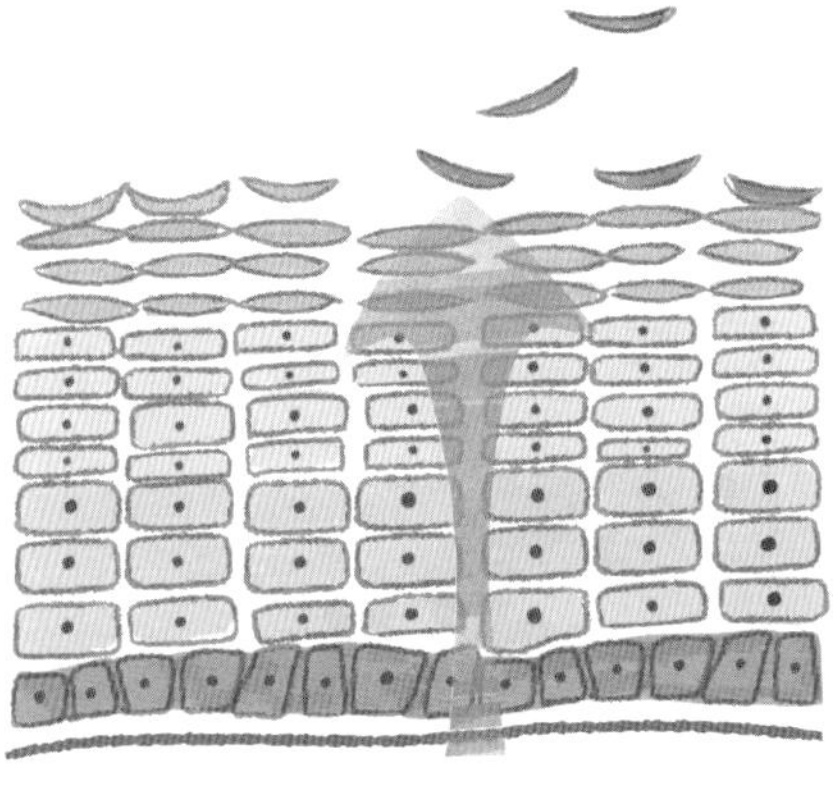

基底層で誕生した細胞は、上方へ、有棘細胞、顆粒細胞へと形を変えながら角質層に到達。角質層にとどまったのち、アカとなり剥がれる。

毛穴対策でほかの肌トラブルも改善!

毛穴トラブルの原因はさまざまであるため、あらゆる対策を行う必要があります。

皆さんのなかには、毛穴だけでなく、皮膚のくすみやしみ、しわなどが気になる方もいるでしょう。「毛穴はメイクでカバーできるから、むしろ別の肌トラブルの対処法が知りたい!」という方もいるかもしれませんが、そんな方にもこれから紹介する美肌プログラムをぜひ試していただきたいと思います。

なぜなら、美肌プログラムで正しく毛穴対策をすることで、ほかの肌トラブルも改善できるからです。肌トラブルだけでなく、細胞レベルでの若返りが期待できるので、身体が健康になり、引き締まった美ボディを手に入れることも可能です。

前述したように、毛穴トラブルを改善するためには、正しいスキンケアだけでなく食事、睡眠、運動など生活習慣の見直しが不可欠です。これからご紹介する方法を試していただくと、早ければ数週間で肌トラブルが改善し、顔だけでなく身体の変化も感じられるはずです。ぜひ、数週間後を楽しみに試してみてください。内と外、両面のケアが必要といっても難しいことはなく、日常で意識すればできることばかり。

美容皮膚科医が教える
「完全毛穴レス肌」を叶える
8つの
美肌習慣

第3章

おうちでできる最強美肌のための8つの習慣

外側だけでなく、内側からのケアも重要

美肌のためには、スキンケアや美容医療など外側からのケアと、運動、食事、睡眠などの見直しといったなかから、両面からのケアが欠かせません。スキンケアアイテムにはお金と時間をかけるのに、日頃の生活習慣は気にしない、という方に多く出会いますが、とてももったいないと思います。高級スキンケアアイテムを使っても、**生活習慣が乱れているようでは美しい肌は手に入りません。**

「手っ取り早く美肌になりたくてこの本を読んでいるのに、結局生活習慣が大事なのね」と思われる方もいるかもしれませんが、手早く効果を得たいならなおさら、これからご紹介する最強美肌習慣を試していただくことをおすすめします。早ければ数週間ほどで効果を実感できるはずです。

なぜ私が内側からのインナーケアの重要性を説くかというと、正しいインナーケアによって老化の原因を取り除くことができるからです。

身体が老化する原因は、「酸化」と「糖化」です。

「酸化」は、体内に取り込んだ酸素が、体内の細胞を傷つける活性酸素に変化し、身体に蓄積することによって起こります。エイジングケアというと、酸化をブロックする「抗酸化」というイメージもあるかもしれません。

一方、「糖化」も大きな問題です。糖化とは、

体内に入ったブドウ糖が、コラーゲンなどの体内のたんぱく質と結合して茶褐色の「終末糖化産物」といわれる物質をつくり出すことをいいます。

これまで何度かでてきた「終末糖化産物」は「AGE」と言われ、活性酸素と同時に発生します。もともと人間にはこの2つをおさえる機能が備わっていますが、加齢とともにその働きが衰え、体内に蓄積すると、しわ、たるみ、しみ、くすみといった老化現象を引き起こしてしまいます。

糖化が起こると肌はどうなる?

糖化によってコラーゲンのなかにAGEが生じると、細胞は表皮が厚くなって乾燥が進み、見た目の美しさを左右する真皮がAGEによって萎縮して弾力性を失います。

【肌のハリや弾力を左右する真皮の状態】

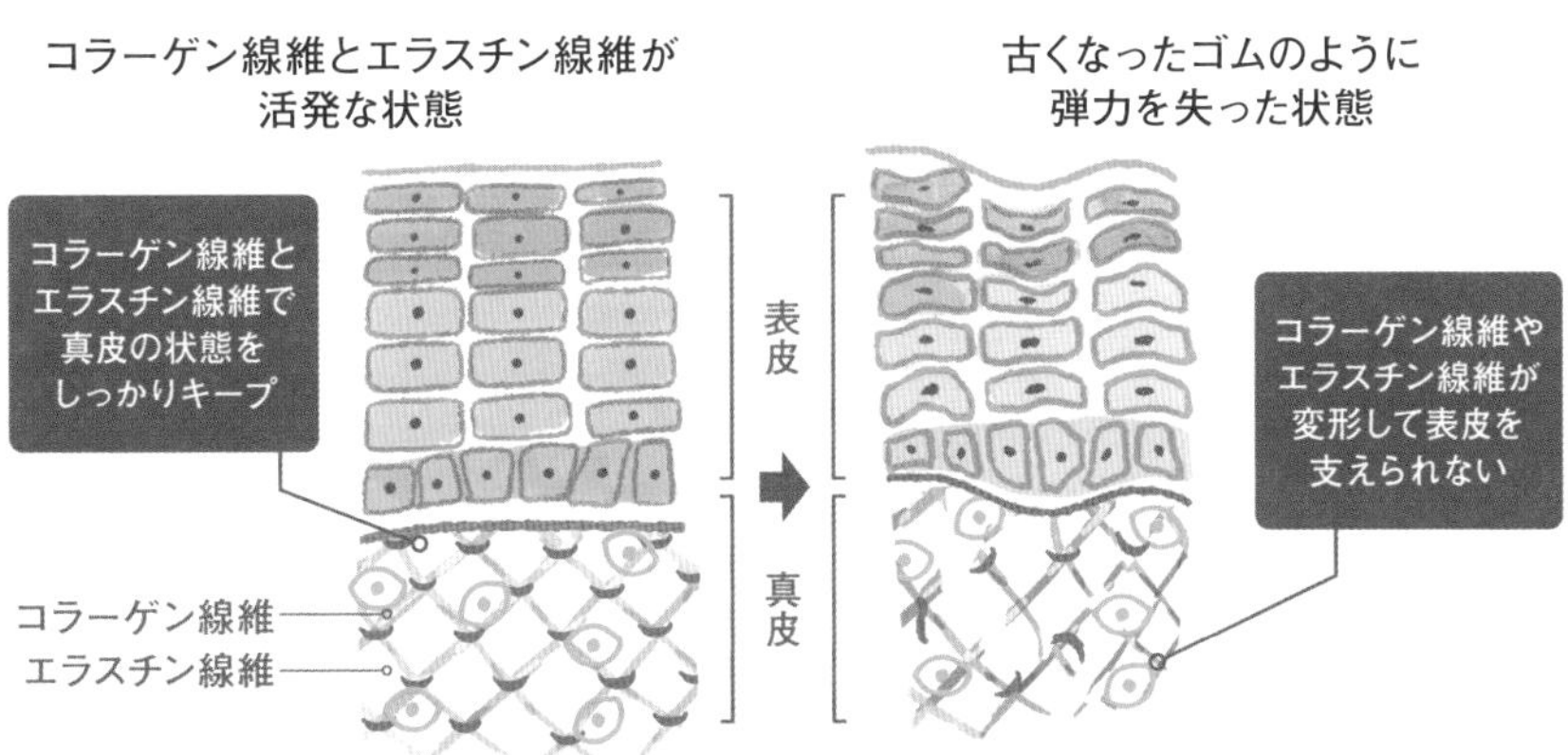

真皮の75%をコラーゲン線維が占めている。コラーゲン線維を結合しているのがエラスチン線維でこの2つにより表皮を支えている。

紫外線による酸化、食事などによる糖化が原因でコラーゲン線維やエラスチン線維を生む力が低下。表皮を支えられずシワなどを招く。

また、コラーゲン線維を分解する酵素の産生が2倍近くも増加。コラーゲンの分解が進むとコラーゲン線維とエラスチン線維の弾力性が低下します。

それだけにとどまらず、AGEは真皮のコラーゲン線維とエラスチン線維がつくっている立体構造にも直接的なダメージを与えます。3本の線維が合わさってバネのようにしなやかで強度のあるコラーゲン線維の間にAGEが入るとうまく伸び縮みできなくなってしまいます。

また強度がなくなり線維が切れやすくなってしまうのです。強度がなくなると表皮を支えているコラーゲン線維がゆるみ、皮膚の表面にしわやたるみが生じます。

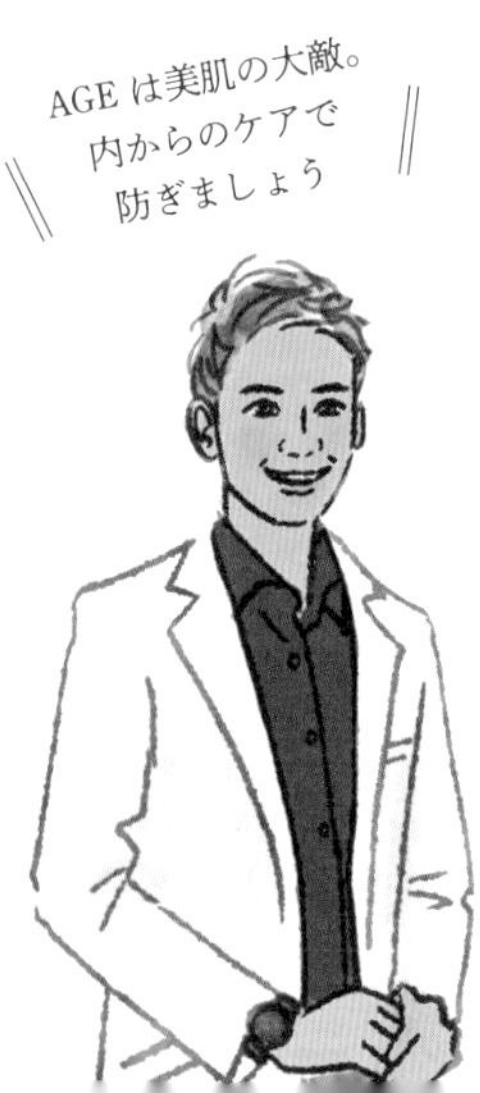
AGE は美肌の大敵。
内からのケアで
防ぎましょう

AGEによって乾燥が進む&しみも発生

さらに、AGEによって炎症反応が進むと肌細胞の保水力も低下します。また、保湿成分の生成を促す酵素が糖化されると、その成分の生成が阻害されてしまいます。さらに、血管が糖化することにより血行不良になり、栄養が行き届かなくなります。

また、AGE自体が茶褐色の物質なので、AGEの量が増えると肌は透明感を失い、くすんだようになります。表皮にAGEがたまるとターンオーバーの妨げになり、メラニンが排出されず、しみにつながってしまいます。

AGEをためないようにすることが、老化現象をおさえる近道といえます。**AGE発生の大きな原因になるのが、糖質の多い食事。**糖質は、甘みのあるものだけでなく、ごはんやパン、パスタなどの炭水化物にも多く含まれています。炭水化物は身体のエネルギー源ではありますが、実際に必要な量はごく少量で、あとは脂肪になって蓄積しますし、AGEも大量発生します。さらにいも類やにんじんなどの根菜にも含まれていますし、砂糖をはじめ、みりんなどの調味料にも含まれていますので、気にせず3食食べているとどうしても糖質を摂り過ぎてしまいます。控えめを意識するようにしましょう。

ＡＧＥのまとめ

ＡＧＥとは終末糖化産物（Advanced Glycation Endproducts）のことで、毒性を持ち、老化促進の元凶になる物質です。たんぱく質に過剰な糖質が結びつくことによってたんぱく質が糖化すると、発生します。活性酸素が身体の「サビ」といわれるのに対して、ＡＧＥは「コゲ」といわれます。

ＡＧＥが発生するとどうなる？

ＡＧＥの発生によって肌のハリを保つコラーゲン線維が破壊されると、肌は弾力を失い、しわができます。ＡＧＥが茶褐色で硬いため、蓄積するとしみやくすみとなって現れます。髪もたんぱく質でできているため、糖化すると、髪のハリやツヤがなくなります。

それだけでなく、内臓をはじめとする体内組織に作用して、多くの病気の原因となることがわかっています。

成長ホルモンの肌への影響とは？

美肌になるためには、成長ホルモンの分泌を促すことも重要です。

成長ホルモンは、その名の通り、成長期に骨や筋肉などの成長を促すホルモンですが、身体のさまざまな組織の修復・再生をしてくれる働きがあり、何歳になっても美容と健康に欠かせないホルモンです。

成長ホルモンは、主に睡眠中に分泌され、肌の新陳代謝を活発化させたり、血行をよくして肌の老廃物を取り除いてくれます。肌がスムーズなターンオーバーをするためにも、しみやしわの防止、アンチエイジングのためにも、成長ホルモンの分泌は必要不可欠です。

成長ホルモンは思春期をピークに加齢とともに減少しますが、できるだけ成長ホルモンが分泌されやすい習慣・生活を送ることで、分泌を促していくことは可能です。

成長ホルモンが最も分泌されるのは睡眠中で、**とくに眠りに入ってから1・5~3時間後が最も分泌されます。**睡眠の重要性はさまざまな分野から説かれているので認識している方も多いと思いますが、毛穴ケアにおいても正しい睡眠は欠かせません。正しい睡眠の方法については、詳しく解説します。

眠りから3時間後のホルモン分泌のために入眠の質を高めることが大切です。

これだけで体調も肌も改善される！

最強美肌習慣3つ

Program 01
筋トレを始める

Program 02
スキンケアを見直す

Program 03
空腹時間をつくる

毛穴レスライフでもっとなめらか肌に！

追加の美肌習慣5つ

Program 04 水の飲み方・選び方にこだわる

Program 05 食べ物を見直す

Program 06 お風呂・サウナに入る

Program 07 有酸素運動をする

Program 08 睡眠を見直す

Program 01
筋トレを始める

美肌づくりにも筋トレは効果的

最近ではボディメイクのために筋トレを行う女性も多いと思いますが、トレーニングは身体づくりのためだけでなく、美肌にも欠かせません。

強度の高いトレーニングを行うと、アンチエイジング効果のある成長ホルモンが脳下垂体から分泌されることがわかっています。筋肉への刺激で、内分泌器官の働きが活性化され、成長ホルモンをはじめ身体の機能を高めてくれるホルモンの分泌量が上昇します。

ホルモン分泌によって身体の細胞が活性化し、**免疫力も高まり、さらに新陳代謝が活発になることで肌が美しくなります。**トレーニングを行うとボディラインが整い、見た目の若返り効果が期待できるだけでなく、生理学的にも年齢を若く保つことができます。

美容皮膚科では美肌や若返りを目的に「プラセンタ注射」を打つことがありますが、これも成長ホルモンを体内に入れることで免疫力を高め、血液やリンパの流れを促し、自然治癒力を高めることを狙った施術です。つまり、**トレーニングでプラセンタ注射と同じ効果が期待できるといえます。**

さらに、トレーニングを行うことによって、成長ホルモンに似た「インスリン様成長因子1」(IGF-1)が筋肉から分泌されます。インスリン様成長因子は、皮膚の血液量を増やし、エラスチンやコラーゲン線維の線維芽細胞での産生を促進します。このため、肌の加齢によるたるみをおさえたり、改善できることがわかっています。

筋トレによって、全身の筋肉の量を増やすことも重要です。

基礎代謝で消費するエネルギー量は、筋肉量に比例して増えるため、**筋肉量を増やせば、多くのカロリーを消費できるようになります。**

つまり、基礎代謝が上がってやせやすくなるということですが、それだけでなく血液の流れがよくなり、新鮮な酸素や栄養などが細胞にスムーズに運ばれ、新陳代謝が活発に行われるようになります。リンパの流れもよくなり、余分な水分や老廃物などがきちんと排泄されるため、結果的に美肌につながるのです。

筋トレそのものに
エイジング
効果があります

Point

トレーニングで美肌になる理由

◎アンチエイジング効果をもたらしてくれる「成長ホルモン」が分泌される
◎成長ホルモンと似た働きを持つ「インスリン様成長因子」も分泌される
◎筋肉量が増えることで基礎代謝量が増え新陳代謝が活発になり、免疫力がアップする

筋トレは2～3日に一度でOK

具体的にどのように行えばいいかというと、強度の高い筋力トレーニングを2～3日に1度行います。これは、筋肉が増えるために最も効率的な頻度です。

筋肉はトレーニングによって損傷すると、受けたストレスに対応したり修復したりしようとします。筋線維のまわりの「筋サテライト細胞（衛生細胞）」が増殖を始め、トレーニング前よりも筋肉が大きくなります。**細胞の回復によって筋肉が大きくなることを「超回復」といいます。**超回復に必要な時間はトレーニングの強度、つまり筋肉の損傷具合や、部位によっても異なりますが、だいたい48～72時間くらい、と言われています。

早く美肌や美ボディを手に入れようと毎日筋トレを行いたくなるかもしれませんが、筋肉が十分に修復していない状態でトレーニングを行っても筋肉の損傷が蓄積するばかりで効果が表れないため、休養が大切です。48～72時間は休みましょう。

超回復のためには十分な休養だけでなく、適切な栄養素の摂取も重要です。トレーニングによって損傷した組織は、たんぱく質の構成成分であるアミノ酸によって修復されます。たんぱく質が不足していると筋肉の組織の修復が十分に行われないため、**トレーニングのあとにはプロテインなどでたんぱく質を摂取しましょう。**

大きな筋肉を鍛える

鍛えたい部位があればそこを鍛えればいいと思いますが、全身の筋肉量を上げ、基礎代謝量を増やすためには、筋肉量が増えやすい大きな筋肉を鍛える方法が効率的です。

個人差はありますが、**人体の筋肉の中で最も体積が大きいのは太ももの前側にある大腿《だいたい》四頭筋です。**二足歩行で体重を支える人間の身体は圧倒的に下半身の筋肉が大きく、お尻の大臀《だいでん》筋、内ももの内転筋が続きます。上半身の筋肉では、胸の大胸筋や背中の広背筋、肩の三角筋といった筋肉が大きく、上腕の筋肉、前腕の筋肉のように先端にいくほど小さくなります。

これから紹介するトレーニングは自宅でできますが、ジムトレーニングが行える人は、ウェイトを使用するベンチプレスやデッドリフトなども大きな筋肉を鍛えられるのでおすすめです。

またトレーニングでは、効かせたい筋肉にしっかりと負荷がかかっていることを意識しましょう。対象の筋肉を意識することで、フォームの崩れを防ぐことができます。

大筋群を鍛えられるトレーニングはコレ！

スクワット（お尻・太ももに）

しゃがんで立つというシンプルな動きです

が、全身の筋肉のなかでも大きな、お尻の大臀筋と太ももの前側の大腿四頭筋、太もも裏側のハムストリングスなどを鍛えることができます。足幅を広めにとることで、内ももの内転筋群に効かせることができ、引き締まったお尻と太ももを手に入れることができます。

1セットの回数：15〜20回×2〜3セット

プッシュアップ（胸・二の腕）

一般的に「腕立て伏せ」と言われる種目です。腕の幅を広げるほど胸に効き、幅を狭めるほど二の腕に効きます。肩幅より少し外側に手を置くと、胸と二の腕の両方に効かせることができます。

1セットの回数：15〜20回×2〜3セット

筋トレを習慣化するために

ボディラインの変化は1回で感じられるわけではなく、継続的に反復して初めて実感できます。**努力をすればそのぶん、筋肉は応えてくれます。**決して裏切ることはありませんので、継続して続けてほしいと思います。

一方、肌はすぐに変わります。トレーニングによって血行がよくなるため、私の感覚ではトレーニング直後にすぐに肌ツヤがよくなるのを感じられますし、成長ホルモンが分泌されるため翌朝の肌の調子も整っています。

こうした日々の変化を注意深く観察して、モチベーションを保つようにしていくと習慣化しやすいと思います。

スクワット

ポイント

◎背中を丸めたり、腰をそらせない。頭からお尻までが一直線になるように、まっすぐに保つ。

◎できる限りゆっくりしたスピードで行う。そうすることで負荷が高まる。

◎膝が前に出ないように、お尻をしっかり落とすように意識して股関節を曲げると、より効果的。

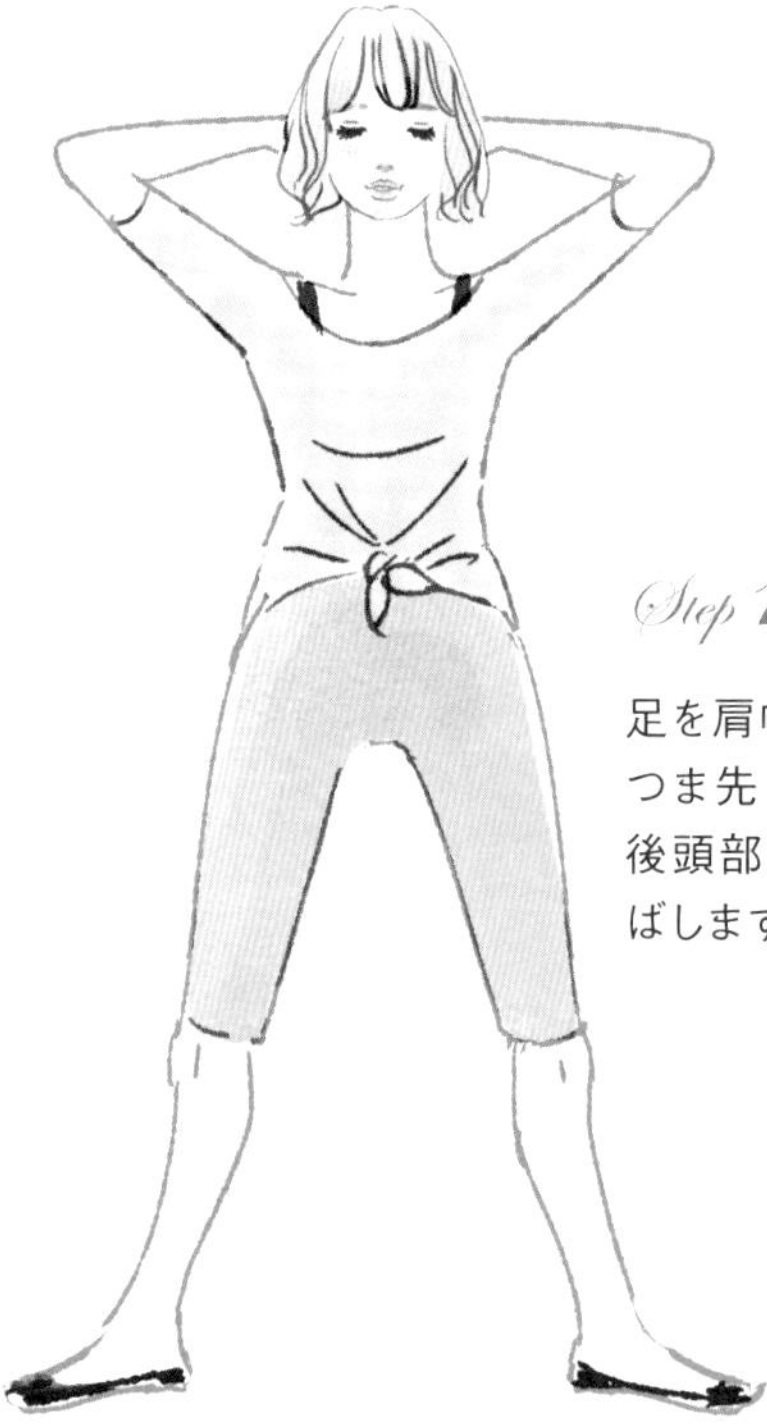

Step 1

足を肩幅より広く開いて立ち、つま先は外に向けます。手は後頭部で軽く組み、背筋を伸ばします。

Step 2

ゆっくり腰を落とし、太ももが床と水平になったらゆっくりと戻ります。この動きを繰り返します。

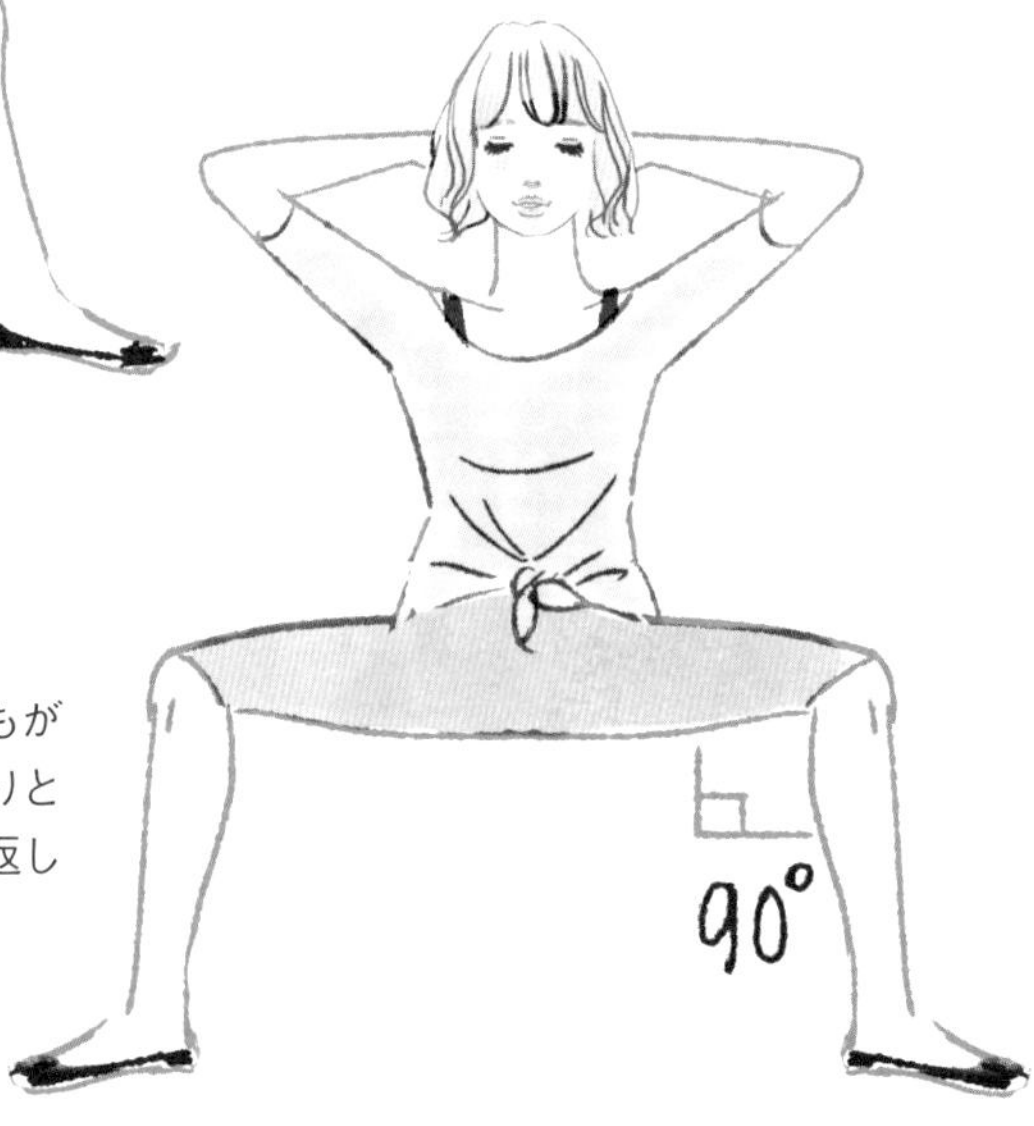

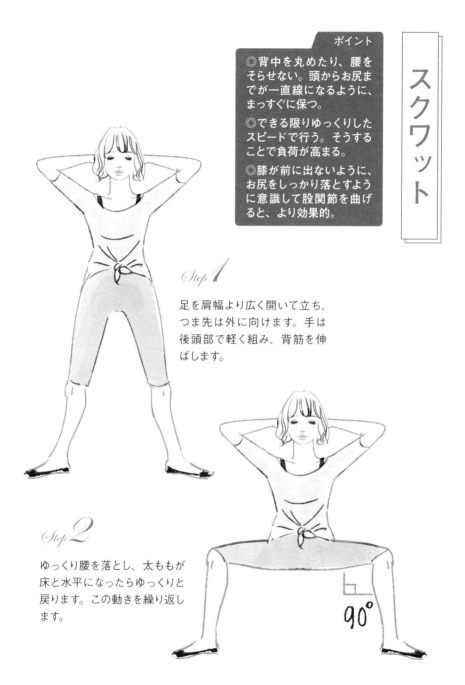

プッシュアップ

ポイント

◎手と膝の距離を広げると負荷が高く、狭めると負荷が下がるので、ムリのない位置を見極めて行うこと。

◎上体をきちんと地面につくようにていねいに行うこと。

Step 1

うつ伏せになり、両手を肩幅より広く床について腕を伸ばし、膝と腕で身体を支える姿勢をつくります。なるべく首からおしりまでがまっすぐになるように意識します。

Step 2

背中をまっすぐキープしたまま、ゆっくり上体を下げ、戻るときは素早く戻ります。床が胸についたら戻るのを目安にしましょう。

Program 02

スキンケアを見直す

化粧水の使い方には要注意

これまでにもお伝えしているように、本来肌は化粧水などを塗らなくても自然に潤うようにできています。

ほとんどの肌トラブルの原因は、洗い過ぎ、刺激の与え過ぎによって、バリア機能が弱っていることに起因します。皮膚の保護作用が弱ってしまうことで、老化の一番の原因である乾燥肌を引き起こします。

例えば、化粧水を塗る前に使う、導入化粧水「ブースター」は、使用をおすすめしません。肌の水分が蒸発する出口を増やすようなもので、より乾燥しやすい肌になってしまいます。そして、乾燥を補うように化粧水を使うことになるだけで、肌の機能は衰える一方です。

乾燥肌になると、真皮が皮脂の分泌を増やそうとするため、Tゾーンはオイリーになり、目元や口元は乾燥したまま、という混合肌にもなりやすくなります。

前提として、このような悪循環が起こっている場合は、適切な治療が必要になりますので、医師に相談していただきたいと思います。

そして、医師指導のもと正しいケアを継続して行うことでバリア機能の働きがもとに戻れば、細胞が正常に働き、角質にある天然の保湿因子や皮脂が適切な量のみ分泌されるようになり、肌は自然によみがえっていきます。

ここでは、日頃患者さんに伝えている正しいスキンケアの方法をお伝えします。

基本ケアはシンプルでOK

基本的にスキンケアは、①紫外線ケア　②洗顔　③皮脂を補うためのオイル　この3ステップだけでOK。しみ、日焼け、毛穴トラブル、老化の一番の原因となる紫外線を防ぎ、洗顔方法を見直し、洗顔によってなくなってしまった皮脂をオイルで補うというシンプルなケアだけで十分です。何かをやることよりも、予防してトラブルを起こさないことのほうがずっと簡単です。

光老化を防ぐための紫外線ケア

皮膚が老化する一番の原因は、紫外線による「光老化」です。光老化とは、子どもの頃から紫外線を長年浴び続けてきたことによって起こる皮膚の変化のことです。**光老化は加齢による老化と異なり、紫外線を浴びた時間と強さに比例します。**光老化は進行すると皮膚が厚くなり、ごわつき、肌の色も濃くなり、しみなどもできます。真皮で弾力を維持している線維が破壊されるため、肌のハリがなくなり、たるみやしわ、毛穴の開きなども起こります。

そこで防ぐべき紫外線は、UVAとUVBです。

UVAは、炎症を起こしたり、肌を黒くする作用はないものの、照射量が多く、波長が長い（皮膚の深いところに届く）ため肌に与える影響は深刻です。浴びたUVAの20～

30％が皮膚の奥に作用して真皮にダメージを与えます。**雲や窓ガラスも通過するので、くもりの日も注意が必要です。**

ＵＶＢは、肌の奥まで達することはないものの、表皮に影響を与えます。細胞を損傷して炎症を起こしたり、メラニンを沈着させて褐色になり、しみやそばかすの原因をつくります。海や屋外などレジャーでの日焼けが原因となります。

日焼け止めはシーンによって使い分けを

日焼け止めクリームを選ぶ際、ＳＰＦ（Sun Protection Factor）の数値を気にされる方も多いかと思います。ＳＰＦの1～50＋までの数値は、何も塗らない場合に比べてＵＶＢによる炎症をどれだけ遅らせることができるかを表しています。仮に、紫外線を浴びて20分ほどで皮膚に炎症が起きる方を基準に考えると、ＳＰＦ30の日焼け止めの場合、20分×ＳＰＦ30＝600分（10時間）、日焼けを防ぐ効果が期待できる、ということ。ただし、

ＳＰＦ試験はかなり厚塗りの前提で試験をしていて、実際には汗などでも落ちてしまうため、目安の数字となります。

ＳＰＦは「どれだけ長い時間防止できるか」の基準でしかないため、日々の生活で使用するぶんにはＳＰＦ30もＳＰＦ50も効果に大きな差があるとは言えません。**ＳＰＦの数値が高ければ高いほど肌への負担が増える**ため、デイリーに使用する日焼け止めクリームのＳＰＦは30程度で十分かと思います。長時間外にいるときには、ＳＰＦ50程度のものを選びましょう。

紫外線吸収剤不使用のほうが負担は少ない

日焼け止めクリームに使用される紫外線防止剤には、「紫外線吸収剤」と「紫外線散乱剤」の2種類があります。

紫外線吸収剤は、ＵＶＢをカットする効果があるため、海や屋外レジャーなど強い遮断力を必要とするときに使用するのはいいと思いますが、化学反応によってＵＶＢをブロックしているため刺激が強く、肌の弱い方はかぶれやすくなっています。紫外線吸収剤が含まれていないものは「ノンケミカル」や「紫外線吸収剤フリー」と表示されているので、こちらを選びましょう。

紫外線散乱剤は酸化チタンや酸化亜鉛が原料で、受けた紫外線を物理的に散乱・反射させることで紫外線による肌へのダメージを防ぎます。ＵＶＡ、ＵＶＢの両方に効果があり、肌への負担がかなり少なくなっています。散乱剤は白い粉末なので、以前は肌が不自然に白浮きしてしまいましたが、最近では粒子を細かくする技術の発達で白くなりにくくなっています。

日焼け止めは、塗り方が薄かったり、塗り方にムラがあると十分な効果を得られませんので、まんべんなく塗りましょう。汗や摩擦ですぐに落ちてしまうため、**できれば2〜3時間おきにこまめに塗り直してください**。

「長時間屋外で日光にあたるため、紫外線吸収剤を使ってでもＳＰＦ50の日焼け止めを塗りたい、でも肌負担はできるだけ避けたい」という場合は、先に散乱剤ベースの肌にやさしい日焼け止めや下地を塗り、その上から吸収剤の日焼け止めを塗ると、多少刺激を防ぐことができます。重ね塗りすることで塗り残しを防止することもできます。ただし、重ね塗りしたからといって、ＳＰＦ30＋ＳＰＦ50＝ＳＰＦ80ということにはなりません。

Point

日焼け止めクリームの選び方＆塗り方のポイント

◎ＳＰＦの数値が高いほど肌負担は増える。日常で使用するぶんには、ＳＰＦ30でOK
◎「ノンケミカル」「紫外線吸収剤フリー」のほうが肌への負担が少ない
◎２〜３時間おきにこまめに塗り直す

「無添加＝安全・安心」ではない

「無添加化粧品」というと、肌によさそうというイメージを持つ方が多いかもしれませんが、無添加＝安全・安心というわけでは決してありません。

無添加化粧品が誕生したのは、１９８０年。当時の厚生省が１９７０年代に起こった化粧品トラブルの症例をもとに、アレルギーや皮膚炎、発がんなどの皮膚障害を起こす恐れがある１０３種類の成分を「表示指定成分」と定め、化粧品に明記することを薬事法で義務づけました。成分は、防腐剤、殺菌剤、紫外線吸収剤、酸化防止剤、合成界面活性剤、合成着色料、合成香料などが該当します。

これらを含まない化粧品が「無添加化粧品」として誕生し、安全・安心の代名詞として、当時は多くの人に支持されました。

ただこれは40年も前の話。その後２０００年の法律改正で化粧品に含まれる全ての成分が明記されることになったため、「表示指定成分」は廃止され、「全成分表示」が義務となりました。そして、「無添加化粧品」と名乗るための明確なルールもなくなりました。

つまり、現在は、**各メーカーがそれぞれの判断で「ある成分を使っていない」ことを強調したいときに「無添加」とうたっているに過ぎません**。例えば、防腐剤不使用の商品は「無添加化粧品」をうたうことができますが、防腐剤が添加されていないだけで、肌に負担をかけるほかの成分は入っているかもしれないということです。

さらに、○○○成分無添加というと、○○○成分は「肌によくない」というイメージが先行しがちですが、決して悪さをするばかりではありません。

パラベンフリーにこだわらなくていい

例えば、40年前に表示指定成分に定められていた「防腐剤」は、むしろ必要なものだと私は考えています。水と油でつくられているスキンケア商品は雑菌やカビが繁殖しやすいため、防腐剤がなければすぐに雑菌だらけになってしまいます。**日本で売られる化粧品は「未開封で3年以上」の防腐設計が基本**ですが、これは防腐剤の使用なしにはありえません。本当に防腐剤が使用されていないとしたら、目立つところに使用期限が表示されていなければなりません。

防腐剤のなかでもパラベン、メチルパラベン、プロピルパラベンは避けるべきものと思われていますが、むしろ刺激が少なく安全性

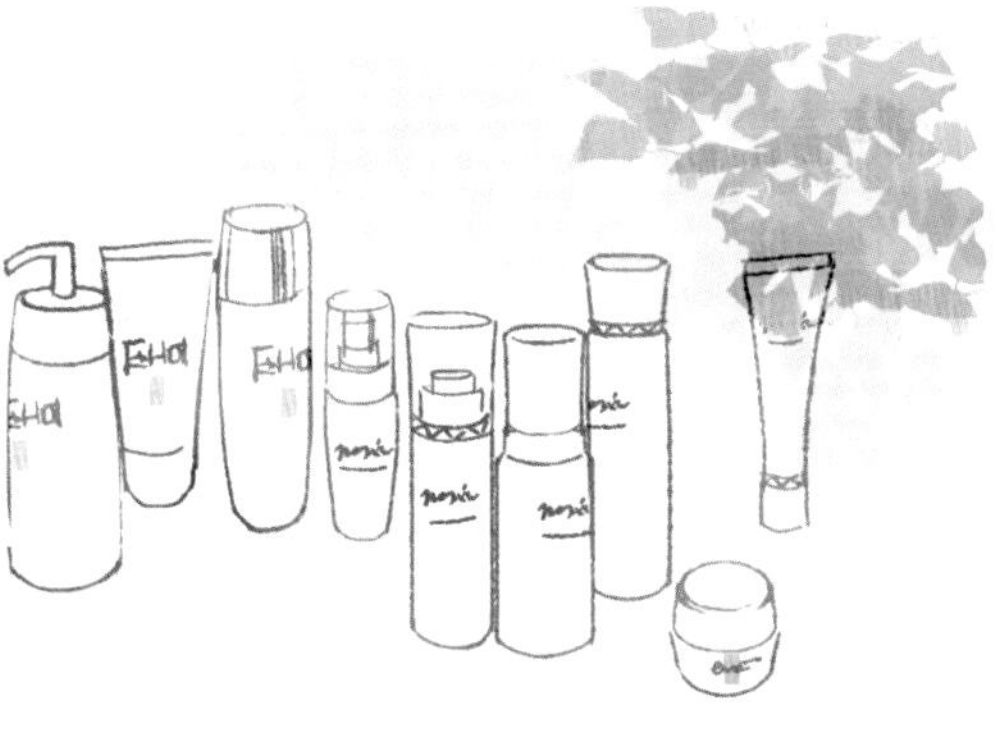

の高い防腐剤です。「パラベンフリー」にこだわる必要はありません。パラベンフリーであるということは、むしろほかの刺激の強い防腐剤が添加されている可能性があると覚えておきましょう。

やさしく洗顔する

皮膚は、「常在菌」によって弱酸性に保たれているため、本来は有害な菌が増えにくくなっています。表皮の常在菌であるブドウ球菌が皮脂をエサにしてグリセリンや脂肪酸をつくり出し、皮膚のバリア機能を保ってくれています。顔を洗うときに最も大切なのは、**肌が本来持っている菌の働きを損なわないようにやさしく洗うことです。**

「いい働きをする菌は落としたくないけど、とはいっても皮脂などの汚れはしっかり落とさないといけないのでは」と思われるかもしれませんが、肌は多少汚れていても、毎日古い角質が自然に剥がれ落ちていきます。ノーメイクのときなどはぬるま湯ですすぐ程度で十分でしょう。

朝も、洗顔料を使わずぬるま湯で軽く流す程度でOKです。洗い過ぎると落とす必要のない皮脂まで落としてしまい、乾燥、湿疹、細菌感染症、アレルギーのリスクが増してしまいます。

ニキビを予防しようと一日に何度も顔を洗う人がいますが、これはすぐにやめましょう。洗い過ぎは乾燥を招き、傷ついた表皮が角質層を厚くすることで毛穴をふさいで、油分がつまり、結局ニキビの原因になってしまいます。

ただ、これまで洗顔料を使って一日に何度

もしっかり洗顔を行っていた方が急に「ぬるま湯洗顔」だけに変えると、変化に対応できない可能性があります。洗いすぎには注意しつつも、徐々に洗顔の頻度を減らし、コントロールしていきましょう。

メイクを落とす際も、ゴシゴシ洗う必要はありません。クレンジングは、浮かせて洗い流せばＯＫ。クレンジング剤は、使ったあとに乾燥しないものを選びましょう。**メイクは油分になじんで落ちるので、オイル系のクレンジング剤がおすすめです。**クレンジングオイルを肌にやさしく塗布してメイクを自然に浮かせ、そのあと洗顔料をよく泡立てて軽くのせ、洗い流します。

洗顔は、洗顔料が70～80％落ちればＯＫという感覚でやさしくぬるま湯で落としましょう。決してゴシゴシこすらないようにしてください。洗顔料は、多少残っていても構いません。自然に落ちますので。

身体や髪も、洗い過ぎに注意

ちなみに、洗顔同様、身体もタオルでゴシゴシと洗う必要はありません。身体に使用するのは、ボディソープよりも石鹸《せっけん》がおすすめです。石鹸は、油脂とアルカリが原料で、弱アルカリ性の界面活性剤。皮膚は弱酸性のため、皮膚の上で中和され洗い流しやすくなります。一方で、ボディソープは弱酸性で皮膚の上で中和されないため肌に残りやすく、界面活性剤がとどまっています。界面活性剤はすぐに落とせば問題ありませんが、肌に残ると皮膚のバリア機能に支障をきたす恐れがあります。**決して「弱酸性」が肌にやさしいわけではないのです。**

髪も、洗えば洗うほど乾燥し、頭皮から脂が出やすくなってしまいます。皮膚本来の機能を活かすのであれば、シャンプーは週2日ほどでOKです。とはいえ、習慣なので毎日シャンプーをしなければ気持ちが悪い、という場合は、せめてシャンプー剤の量は少なめを心がけていきましょう。

「ノンシリコン」をうたっている商品もありますが、**シリコンは乳化剤であり、身体に害を及ぼすものではありません。**毛髪同士の摩擦をやわらげ、ダメージを受けてパサついた髪にツヤを与えてくれるものですので、入っていても問題ありません。

洗顔後はシンプルケアでOK

洗顔のあとに、化粧水、乳液、美容液、クリームなど複数のアイテムを使用している方も多くいらっしゃると思いますが、これまでもお話しした通り、複数使う必要はなく、もったいないと思います。それぞれの成分が阻害しあうことも多く、結局どの効果も得られない、という事態になりがちだからです。それどころか、**さまざまな成分を使えば使うほど、肌本来の機能が乱れてアレルギーを起こしやすくなってしまいます。**

繰り返しになりますが、肌本来の機能を取り戻せば、肌は活発にターンオーバーし、美しくなります。肌につける成分は、少なければ少ないほどいいのです。

とはいえ、洗顔をすると皮脂が落ちてしまうので、**洗顔後補うべきなのは、皮脂に近い成分であるオイルです。**オイルであればなんでも構いませんが、抗酸化作用のあるビタミンA、ビタミンC、ビタミンEが配合されているものだとベストです。ちなみに私は洗顔後、オリーブオイルを塗るだけでケア終了です。いたってシンプルケアでお金もかかりませんが、肌をほめていただくことがよくあります。

化粧水は塗った直後は肌が潤ったように感じますが、肌自体の水分量が増えたというわけではなく、角質層の表面が保湿成分の膜で覆われただけ。もともと乾燥肌の方の場合は、すぐに乾燥した状態に戻ります。化粧水の成分のほとんどは水ですが、水を与え過ぎるとふやけて角質の構造が乱れ、セラミドや保湿因子が機能しなくなってしまいます。

「オイルだけでは不安」という方は、セラミド配合の化粧水なら使用する意味があります。**セラミドは表皮の角質層に存在している成分で、水にも油にもなじまないという特殊な性質**を持っており、細胞と水分をつなぎとめる役割を果たしています。すぐに肌の水分量が増えるというわけではありませんが、長期的に肌の機能を整え、自己再生力を高め健康な肌に導いてくれます。

ご紹介したビタミンA、ビタミンC、ビ

タミンE、セラミドのほか、外から塗布して多少効果が期待できる成分としては、ビタミンB群、グルタチオンがあります。ビタミンB群は、過剰な皮脂の分泌をおさえ、毛穴を引き締める作用や、炎症抑制作用、代謝促進作用があります。グルタチオンも毛穴の引き締め作用、炎症抑制作用があるほか、美白効果も期待できます。

化粧品選びに迷ったら、ぜひクリニックに相談してほしいと思います。一人ひとりに合わせて、専門医が処方した適切な化粧品をご案内することができます。

Point

洗顔後のポイント

◎角質は自然に剥がれる。ノーメイクのときはぬるま湯で洗えば十分
◎クレンジング剤はオイルを選択しよう
◎「無添加」「弱酸性」は肌にやさしいわけではない
◎複数塗る必要なし！ スキンケアはシンプルに！
◎肌に塗るのはオイルのみでもOK。オイルは、ビタミンA、C、Eが配合されているものだとベスト
◎化粧水を使用する場合はセラミド配合を選ぼう

Program 03

空腹時間をつくる

食べなければ、身体が休まる

そもそも現代人は食べ過ぎており、必要以上に消化吸収器官に負担をかけています。動物は病気やケガの際、食事を摂らずにじっと寝ていることが回復の近道であることを知っているため、それを実行しています。私たち人間も断食によって身体を休めれば、細胞レベルで若返ります。

最近では生活習慣病の専門医が「16時間断食（寝ている時間を利用してその前後を含めて16時間食べていない時間をつくる）」を提唱し話題になったこともあり、**ファスティング（断食）が病気や老化を遠ざける**ためにとても有効であることが知られるようになりました。もちろん、美肌にも効果があります。

なぜ、ファスティングが「身体を休める」ことになるかというと、人間は消化吸収に膨大なエネルギーを要するからです。3食しっかり食べた場合、その消化吸収に必要なエネルギーは、フルマラソン1回分とも言われています。ファスティングで消化吸収器官を休ませることは、そこにかかるエネルギーを健康維持や体力の回復にまわせる、ということなのです。

消化には莫大な
エネルギーが
使われています

空腹によって、ターンオーバーが早まる

食べ物の消化吸収・代謝のためには酵素が必要になります。酵素の原料はアミノ酸ですが、酵素をつくるのにまわせる体内のアミノ酸は量に限りがあります。さらに、酵素の反応を助けるためにはビタミン・ミネラルも不可欠です。食べ物を消化するために消化酵素が大量に使われる生活を続けていれば、臓器の修復や細胞の再生にまわる酵素や栄養やエネルギーが不足して、臓器の修復が十分に行われず、細胞の新陳代謝のサイクルも遅くなってしまいます。

スポーツをしている方で、必要以上に食べている方を多く見ますが、ただでさえ過酷なトレーニングで身体を酷使しているのに、これでは身体が回復せず、筋力アップも効率的に行うことができません。ひと握りのアスリートはこのことを知っていて、食事にこだわり、食べ過ぎることを避けています。

臓器を修復し、代謝を促すためには、まず不必要な消化作業をお休みさせ、消化酵素の分泌をおさえること。そして、**代謝酵素の量と質を上げることが大切です**。そのために、ファスティングは非常に有効な方法です。

ファスティングは、人為的につくることができる「安全な極限状態」。筋トレの「超回復」のように、身体をギリギリの極限状態に追い込むことで、生命本能のスイッチをオンにすることができるのです。医学的に言え

ば、「長寿遺伝子」の活性化、自律神経やホルモンを調整してくれる「ヒートショックプロテイン」の発生や機能向上、エネルギーの合成を行うミトコンドリア機能の向上、老化スピードをゆるめてくれる「ＦＯＸたんぱく質」の活性化が起こります。

また、空腹によって「グレリン」という成長ホルモンが生成される前段階の物質が分泌されることもわかっています。

脳科学的にも、ファスティングによってブドウ糖が枯渇することでケトン体が働くようになり、脳波がα波優位になります。α波優位になると人間は心身ともにリラックス状態になり、集中力も増し、ひらめきも増えると言われています。

16時間の断食で細胞が若返る

おすすめなのが、16時間のプチファスティングです。食べ物を口にしてから10時間が経つと、肝臓に蓄えられた糖がなくなって脂肪が分解されエネルギーとして使われるようになります。さらに**空腹が6時間続くと「オートファジー」が働きます。**これは、細胞が自己成分を分解する機能のことで、簡単に言えば古くなった細胞を内側から新しく再生してくれる仕組みのことです。不要なものを材料に、新たなたんぱく質がつくられ、細胞がどんどん生まれ変わっていくので、身体から老廃物が一掃され、細胞や組織、器官の機能が活性化し、アンチエイジングの効果が得られるのです。

この画期的なオートファジーを発動させるためのルールはシンプルで、16時間食べない時間をつくること。例えば8時間睡眠を取る方なら、それにプラスして8時間ものを食べなければ、連続16時間となります。どのタイミングで食事をするかについては、ライフスタイルによって実行しやすさが違うでしょう。いろいろ試してみるのがいいと思いますが、**おすすめは夕食を抜くことです。**

夕食によって消化にエネルギーや酵素が使われてしまうと、睡眠の質の低下につながり、睡眠中の細胞の回復・治癒のさまたげになるからです。私自身も、普段は夕食を摂りません。付き合いの際は食べますが、そのときは翌朝の食事を抜くなどして調整しています。余談になりますが、私の愛犬も一日1食にしていますが、毛並みがとてもよく、とても元気です。

できれば毎日空腹の時間を16時間つくるのが理想的ですが、週に2～3日でも構いません。それでも、身体が健康になった、美肌になったなどの変化を味わえるはずです。

「とはいっても、やはり空腹に耐えるのはキツイ」という方もいるかもしれません。初めのうちはやはり、おなかが空くとつい何かを食べたくなってしまうでしょう。そんなときは、**低糖質で良質な脂肪が含まれているナッツ類なら食べてもOKです。**血糖値の急激な上昇をおさえつつ、少量で満腹感を得ることができます。

ちなみに、空腹の時間が長ければ長いほど脂肪の分解も進み、オートファジーもより活性化します。もっとがんばれそうな人は16時間以上食事を摂らなくても問題ありませんのでチャレンジしてみてください。

この話の最後にお伝えしたいのは、医学的な根拠はない私の持論です。ファスティングにより脳の力は開発され、また感謝の念に目覚めるように思います。小さなことに感謝の気持ちを持てるようになるのです。周りの人へ思いやりや気配りができるようになり、また、周りの人に何かをしてあげようというメンタルにもなります。

さらに、私自身の経験ではファスティングによって運気が上がったようにも思います。おそらく、感謝の気持ちと他者への奉仕の気持ちが、運気上昇につながったのではないかと考えています。私はいつも、運が自分に味方しているな、幸せだなと感じます。ぜひ、皆さんにも空腹がもたらす変化を体感してもらいたいです。

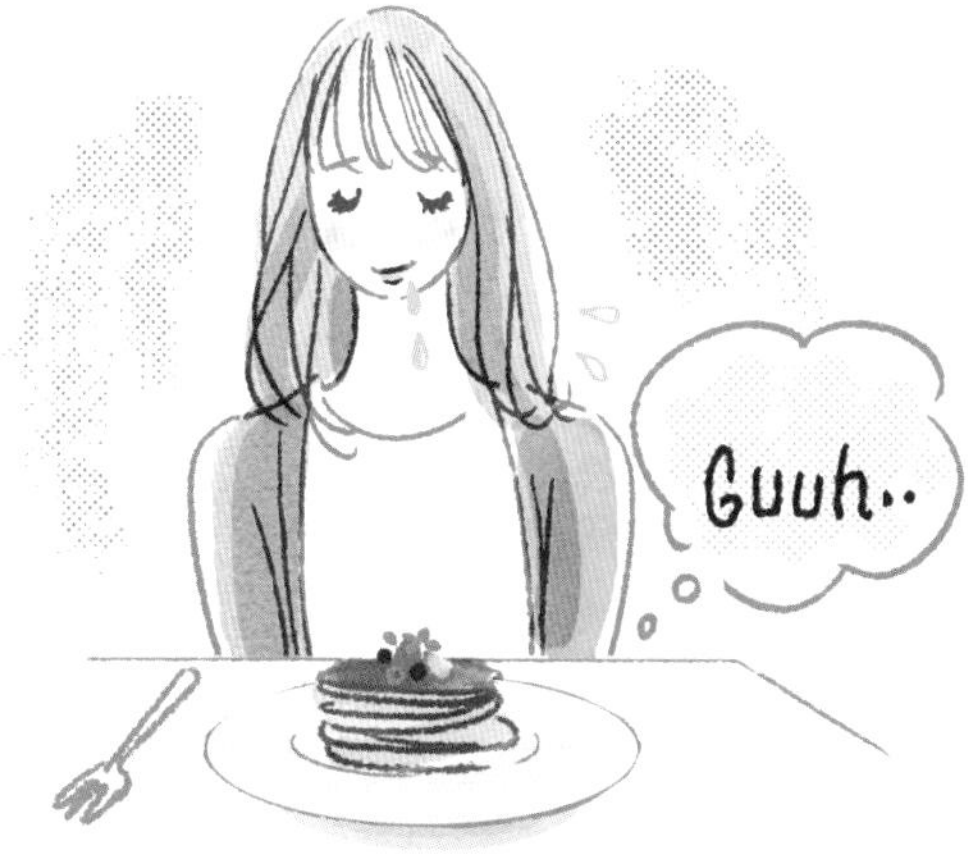
Guuh..

「16時間断食を
週2〜3日」から
始めてみましょう

Program 04

水の飲み方・選び方にこだわる

水分不足はしわやたるみの原因に

私たちの身体は、常にたくさんの水分を必要としています。人間は、3日間水を飲むことができないと生命活動を維持することが困難になります。一方、水さえあれば、食べ物がなくても人によっては1ヵ月程度生き延びることができると言われています。

体重に占める水分の割合は、成人で約60%です。身体中の約60兆個の細胞は水分に満たされた状態で活動しています。細胞内のDNAやミトコンドリア機能を正常に働かせるために、水は欠かせません。

血液などの体液となって、酸素や栄養、ホルモンを全身の細胞に届けるのも水です。二酸化炭素や余分な老廃物を汗や尿として体外に排出するのも水。体温が上がったとき、汗を出して体温を調節するためにも、水は欠かせません。

水分が不足すると、細胞の円滑な機能が阻害され、さまざまな不調が生じます。

例えば、細胞内が脱水するとDNAやミトコンドリア機能が害され、細胞が死に至ることもあります。ホルモンや栄養素の受け渡しがうまくいかなくなり、ホルモンバランスが崩れますし、老廃物がたまり、むくみや肥満、疲労も発生します。

また、水分不足はしわやたるみにもつながります。

皮膚のハリ・弾力を保つコラーゲンとエラ

スチンも、その80～90％を水分が占めています。コラーゲンやエラスチンをつくるもとは線維芽細胞という幹細胞ですが、脱水すると真皮の水分量が減るばかりでなく、この線維芽細胞もうまく機能しなくなります。

このほか、水分不足でスムーズに腸が動かなくなって、便秘になったり、水分不足によって血流が悪くなったりします。また免疫細胞が正常に働かなくなることによって風邪をはじめさまざまな病気にかかりやすくなりますし、脳神経細胞が脱水症を起こし認知機能に影響を与えたりする可能性もあります。

普段何気なく摂取している水ですが、実は非常に重要な役割を担っているのです。

喉や口の渇きを感じたときにはすでに軽い脱水状態に陥っていますので、常にペットボトルなどを手元に置いて、喉や口の渇きを感じる前にこまめに水分補給をしましょう。

私たちは、息をしているだけで一日に約1リットルくらいの水分を失っています。一日の水分摂取量は、**体重1キロあたり40ミリリットル飲むのがベストです。**体重50キロの方であれば、2リットルという計算になります。これは、食事による食べ物に含まれる水分摂取とは別に、飲み物として摂取したい量になります。

とくに、睡眠中は汗や呼吸で水分が失われ、誰でも脱水状態になっているため、起床時と就寝前には、必ずコップ一杯の水を飲むようにしてください。起床時の水分摂取により、胃腸が動き出して消化活動の準備運動にもなります。

緑茶やコーヒーでもリスクあり

注意したいのは、飲み物としてカフェイン入りのものや糖分を含んだもの、アルコール飲料はここに換算しないこと。カフェインやアルコールには利尿作用があり、摂取した以上の水を体外に排出してしまうため、水分補給には向いていません。**コーヒーや緑茶、お酒の飲み過ぎには注意しましょう。**また、アルコールは分解時に肝機能を酷使するため、血流が滞り、むくみが生じます。

糖分の入った甘い清涼飲料水はたいてい果糖ブドウ糖という、血糖値を急上昇させる合成の砂糖が多く含まれていて、むくみや肥満のほか、さまざまな健康障害のもとになります。

仕事をもうひとがんばりしたいときなど、エナジードリンクを飲むことがあるかもしれませんが、果糖ブドウ糖まみれな上にカフェインも大量に入っているので飲むべきでないことは言うまでもありません。

一方、緑茶やコーヒーはカテキンやポリ

フェノールなど抗酸化物質が入っているため、適量飲むなら健康にいいという意見もあります。確かに抗酸化物質は含まれていますが、コーヒーにはアクリルアミドというAGEが入っていたり、緑茶に含まれる酒石酸は尿管結石や腎結石の原因になる場合もあるといったリスクがあります。

抗酸化物質摂取のメリットを享受する観点から考えると、サプリメントでαリポ酸やグルタチオン、コエンザイムQ10、ビタミンC、レスベラトロールを摂取するほうがピンポイントで量を確保できるので、私はあえて積極的にコーヒーや緑茶を飲むようなことは避けています。

水分は、純粋なミネラルウォーターか、水素水、炭酸水から摂りましょう。

ミネラルウォーターは「pH」と「酸化還元電位」に注目

産地によって有害金属を含んでいる可能性もありますが、基本的にミネラルウォーターは水道水と違って塩素や毒素が少なく、身体に必要なミネラルを含んでいます。水道水の塩素は細胞を酸化させてしまいますし、水道管の老朽化に伴い有害金属が混ざっている可能性もあるので、毎日身体に取り入れるべきではありません。

私は調理の水も必ずミネラルウォーターを使うようにしています。長期的なコストパフォーマンスで考えると浄水器を取り付けるのがいいと思います。蛇口に取り付けるタイプのものよりも、据え置きの浄水器のほうが性能がよくおすすめです。

ミネラルウォーターを選ぶときは、「pH」と

「酸化還元電位」の数値を見てみましょう。

「pH」は酸性・アルカリ性の指標で、pH7が中性、それよりも数値が低いと酸性、数値が高いとアルカリ性です。人間の体液はpH7・3～7・4前後に保たれています。飲んだ水が直接体内に吸収されてpH値に影響することはありませんが、高アルカリ性の水のほうがカルシウムやナトリウム、マグネシウム、カリウムなどのミネラルが豊富に含まれており、おすすめです。

「酸化還元電位（Oxidation-Reduction Potential）」は、酸化力や還元力を表す数値で、「ORP」と表記されることもあります。プラスの数値が大きいほど酸化されている水であり、マイナスの数値が大きいほど還元力が強い水であるため、数値が低いものを選ぶのが賢明です。

地域によって異なりますが一般的な目安としては、水道水がプラス500～プラス900mV程度、市販のナチュラルミネラルウォーターがプラス300～プラス500mV程度、アルカリイオン水がマイナス100～プラス50mV程度。

また、**ケイ素が豊富に含まれている水もおすすめです。**ケイ素はコラーゲンの代謝を高め、また皮脂の過剰な蓄積を予防してくれる効果もあり、セルライトの予防にもなります。

市販のミネラルウォーターで私が選ぶとすれば、次のようなものになります。

◎『富士山の天然水』…ケイ素とバナジウムが豊富。さらに水素を含む

◎『北海道利尻島の甘露泉水』…ケイ素が豊

富

◎「鹿児島桜島の天然水」…pH8・9～9・5の高アルカリ性、還元力もマイナス316mV

◎海洋深層水…有害物質が少なく、ミネラルがバランスよく含まれている

水素水や炭酸水もデトックス効果あり

水素は、活性酸素を除去するため、抗酸化作用があります。とくに毒性の強い活性酸素の「ヒドロキシラジカル」や「一重項酸素」の除去に非常に有効です。活性酸素は、動脈硬化、DNA障害をはじめ、あらゆる病気の原因になりますし、皮膚のコラーゲンを減らしたりメラニンの沈着を促進するため、しわ・しみの原因にもなります。

水素は、脳内を含めあらゆるところに入り込むことができます。また血流促進効果もあります。

ただし水素水は、1・0ppm（＝1000ppb）以上のものを選ばないと効果が薄いため注意しましょう。

また、ペットボトルでは水素が容器から逃げてしまうので、ガラス製か特殊なアルミ製のボトルに入ったものがベストです。

ミネラルウォーターと同様に還元力の高いもの、つまり「酸化還元電位」がマイナス表記になっているものを選ぶといいでしょう。

一番大切なのは、自分の体感です。2週間ほど試してみて、朝の目覚めがいい、スッキリしている、疲れにくくなった、ストレスが軽くなった気がするなど何か効果を感じれば、継続して飲んでみましょう。

炭酸ガス入りの水も、血流促進効果がある

ためおすすめです。

炭酸水は血液中の二酸化炭素を増やし、身体は素早く二酸化炭素を肺に送り出そうとするため、血流が促進されます。血流がよくなると老廃物もスムーズに運搬されるため、デトックス作用が得られ、疲労回復効果もあります。

また、食事で炭酸水を飲むことで、胃粘膜を刺激して胃酸の分泌を促し消化を助ける効果もあります。

Point

水の飲み方選び方

◎ 純粋なナチュラルミネラルウォーターを、体重1kgあたり40mℓ飲もう
◎ 高アルカリ性で、酸化還元電位の低いアルカリイオン水が特におすすめ
◎ 水素水・炭酸水を水分補給に取り入れよう
◎ 脱水の原因になるためカフェインを摂り過ぎない

「たかが水」ではありません。有効に活用しましょう

Program 05

食べ物を見直す

腸内環境の整備も毛穴に影響する

どんなにアンチエイジングや美肌をうたった商品も、化粧品によって肌が文字通りに若返ったり白くなったりすることは残念ながらありません。**化粧品の役割は、肌を健やかに保つことだけです。**高価な化粧品は買わなくてＯＫ。老化の原因となる「酸化」「糖化」を防ぐためには、食事の見直しが重要です。

まずは、腸内環境を整えましょう。腸内環境を整えることで、肌に必要な栄養や水分を届ける血液の質がよくなり、有害物質や老廃物がスムーズに排出されるようになります。

腸内環境が悪化すると、有害な物質が体内に吸収されやすくなり、血液に乗って全身に運ばれてしまいます。

毛穴は排出器官のため有害物質は最終的に毛穴に届き、皮脂の過剰分泌やニキビ、炎症の原因になります。肌の調子が悪いと精神的に憂鬱な気分になってしまいますが、精神的なストレスも腸内の悪玉菌を活性化することがわかっています。腸内の悪玉菌が増えると脳にも影響し、自律神経を乱します。そしてよりストレスを感じやすくなるという負のスパイラルに陥ってしまうのです。**肌と、脳や心理状態、腸内環境は密接に関係しあっている**ので、腸内環境に気を配ることは非常に重要です。添加物、人工甘味料、砂糖、アルコールなど腸内環境を悪化させる食品には気をつけましょう。

摂取を避けたい牛乳・糖質

よかれと思って飲んでいる方もいると思いますが、牛乳も避けたい飲料です。

牛乳に含まれる「α‐カゼイン」は、人間が消化することができないため、多く摂取すると腸に未消化物が増え、腸が炎症を起こして**リーキーガット症候群**になるリスクがあります。

糖質が多い食事にも要注意です。体内で糖化を引き起こし、肌老化の原因となるAGEを増やしてしまうからです。

糖質は、お菓子や果物など甘いものだけでなく、ごはんやパン、パスタなどの炭水化物にも含まれています。はちみつやみりんなど、甘みのある調味料も糖質のかたまりですし、にんじんやれんこん、いも類などの根菜にも糖質は含まれます。

糖質は、たんぱく質・脂質とともに「三大栄養素」といわれ身体の主要なエネルギー源ではありますが、必要な量はごく少量です。あとは脂肪となって蓄積しますし、AGEも発生します。さらに、糖質を摂り過ぎると血流も悪くなりますし、皮脂腺に刺激を与えて皮脂の分泌を増やすため、ニキビなど毛穴トラブルにもつながりやすくなります。

実際に、生活習慣病である糖尿病の方の肌の状態は決してよくありません。私は普段は甘いものを避けていますが、たまにスイーツを食べると翌日に肌が荒れ、ハリもなくなると感じます。

米や根菜なども含め、糖質は一日100グラム以下におさえましょう。糖質のなかでも、とくに砂糖には要注意。人間が進化の過程で処理できるようになった**砂糖の量は、一日15グラムまで。**それ以上は血中の酸化物質と結合してAGEとなってしまうのです。

さらにおそろしいことに、砂糖や糖質には依存性があります。糖質を摂ると一時的に血糖値が上昇しますが、その後体内のインスリン作用によって急激に血糖値が低下します。すると、脳はまた糖質を欲するようになってしまうのです。反対に、砂糖の摂取をできるだけ避け、一定期間低糖質な食事を1～2週間摂っていると「糖質を摂りたい」という欲求もなくなってきます。ぜひ、今日から低糖質な食事に切り替えてほしいと思います。

摂ると要注意！な食品

◎添加物、保存料、人工甘味料など…腸内細菌に悪影響を与えて腸内環境を乱す恐れがある

◎アルコール…悪玉菌を増やし、腸内環境を悪化させる。お酒の種類にかかわらず、少量でも飲まないほうがベター

◎牛乳・乳製品…消化できない「α-カゼイン」が含まれるため、腸に未消化物が蓄積し腸粘膜のバリアに傷がつく恐れがある

◎砂糖・糖質…皮脂の分泌を増やし、AGEも発生させる

積極的に摂りたい栄養素

美肌のためには、たんぱく質、ビタミン、ミネラル、良質な脂質の摂取が重要です。

たんぱく質は皮膚をつくるために必要で、最も積極的に摂りたい栄養素のひとつ。肉や魚介類、卵、大豆製品などから積極的に摂りましょう。

たんぱく質は、肌のみずみずしさやハリを保ってくれるコラーゲンやヒアルロン酸の材料でもあります。コラーゲンは、サプリメントなどで摂取しても消化によってアミノ酸やペプチドに分解されてしまうため、意味がありません。ヒアルロン酸も同様に、口から摂取しても増えるわけではありません。皮膚のコラーゲンやヒアルロン酸を増やそうと思ったら、肉や卵、プロテインドリンクなどのたんぱく質を摂るほかないのです。

たんぱく質は質も重要で、「アミノ酸スコア」が100の食品から摂ることが効率的です。

たんぱく質の材料となるアミノ酸は合計20種類あり、複数のアミノ酸が結合することでさまざまなたんぱく質になり、筋肉や血液になります。20種類のアミノ酸のうち、体内で合成できるのは11種類。残り9種類のアミノ酸は、食事から取り入れる必要があります。

食事から摂取しなければならないアミノ酸のことを「必須アミノ酸」と言い、必須アミノ酸の含有率を算出して点数化したものを

「アミノ酸スコア」と言います。このスコアが100の場合に十分なたんぱく質を生成することができるため、100に近い数値であることが理想的です。牛肉、鶏肉、豚肉、馬肉、アジ、サケ、カツオ、イワシ、卵、大豆などがアミノ酸スコア100の食品なので、これらからたんぱく質を摂るのが効率的です。

ビタミン・ミネラルは摂るタイミングも重要

　たんぱく質と同時に摂りたいのが、野菜や豆類、海藻類、きのこ類に含まれるビタミンやミネラルです。**ビタミン・ミネラルはほかの栄養素がうまく働くために機械の潤滑油**のように働いており、同時に摂取することで栄養の吸収がよくなります。ほとんどのビタミン・ミネラルは体のなかでつくることができないので、食べ物から摂取する必要があります。

　ビタミンには、水に溶ける水溶性と、脂に溶ける脂溶性があります。身体の代謝を助け

るビタミンB群やAGEの産生を抑制してくれるビタミンCは水溶性で、大量に摂っても尿として流れていってしまうため、できれば2時間に1回ほどこまめに摂りましょう。美肌キープに欠かせないビタミンAやビタミンE、ビタミンDは脂溶性のため、良質な油と一緒に摂取しましょう。

積極的に摂りたい良質な油は、オメガ3脂肪酸です。オメガ3脂肪酸には、サバやイワシなど青魚の脂に多く含まれるEPA、DHAや、アマニ油（フラックスシードオイル）、えごま油（しそ油）に含まれるα-リノレン酸などがあります。これらの脂肪酸は体内でエネルギーとして代謝されやすい性質があり、抗炎症作用や血液をサラサラにする作用があります。不足すると栄養素や老廃物の代謝がスムーズに行われなくなります。

オメガ3脂肪酸は体内でつくることができず、現代の食生活では意識的に摂取しないと不足しがちになるので、青魚やアマニ油などから積極的に摂りましょう。

美容や健康にプラスの効果をもたらす脂肪酸には、ほかにオメガ9脂肪酸があげられます。オリーブオイルやなたね油などに含まれるこの脂肪酸は腸の働きを高めて便秘を解消したり、肝機能を高めてくれる効果があります。糖やたんぱく質を材料に体内で合成できるため、オメガ3脂肪酸ほど必須ではありませんが、この油は高温でも酸化しにくいため生活において使い勝手がいいことが魅力です。炒め物や揚げ物には、オリーブオイルを使いましょう。

摂取したい栄養素のまとめ

◎たんぱく質…皮膚や筋肉、血液などの主成分であり、代謝を促すホルモンの多くはたんぱく質を材料としてできている。肉や魚介類、卵などアミノ酸スコア１００のものから摂ろう

◎ビタミン・ミネラル…必要な酵素やホルモンを合成したり、それらの働きを促進する。野菜、海藻、豆類、きのこ類のほか、サプリメントでの摂取もＯＫ

◎良質な脂質…抗炎症作用がある。青魚やアマニ油などオメガ３脂肪酸を加熱せずに摂取するか、加熱する場合はオリーブオイルを使おう

アミノ酸スコア
100の食品を
検索してみましょう

Program 06

お風呂・サウナに入る

ヒートショックプロテインで若返る

お風呂はシャワーだけ、という方も多いかもしれませんが、できるだけ湯舟に浸かり、しっかりと汗をかきましょう。銭湯に行った際などはサウナに入るのもおすすめです。

入浴には、多くの効果があります。

まずは、**温熱効果**。身体が温まると、血管が拡張し血流が促進されます。血管が拡張し、血流がよくなると、体内の老廃物が運び出されやすくなりますし、酸素や必要な栄養素がすみずみまで行きわたるようになります。

次に、**水圧作用**があります。入浴中は水圧によって、ウエストが数センチ縮んでいますが、このように水圧によって全身に溜まった体液やリンパ液を心臓へ戻すことができます。

また、浮力によって筋肉の緊張もほぐれます。温かいお湯に浸かるということで、リラックス効果も期待できます。交感神経をゆるめ、副交感神経優位になると、心と身体は休息モードに入ります。このようになると、免疫を担当しているリンパ球の数が上昇し、免疫力が向上します。副交感神経が優位になると血圧や血糖値も下がり、さらに眠りへの促進作用もあります。

さらに、入浴によって「**ヒートショックプロテイン**」が増えます。ヒートショックプロテインは、分子シャペロン様作用を持っており、細胞内のミトコンドリア機能を向上させます。これにより、疲労回復、デトックス作用、免疫力向上、美肌効果などが期待できます。深部体温を1℃ほど上げることで、ヒートショックプロテインの産生が高まります。これは、お風呂で汗が流れ落ちてくるときがその目安です。40℃くらいのお湯に5～10分ほど浸かるといいと思います。

入浴時は、湯舟にバスソルトや入浴剤を入れましょう。これらを使用することで、お湯と体液の浸透圧の差が小さくなり、水道水が肌に入り込みにくくなり、有害物質のリスクを減らすことができます。

また、炭酸ガス入りのものを使うのもおすすめです。炭酸ガスは前述の通り、血流促進作用や老廃物の運搬促進作用がありますので、入浴剤で使用するのもいいと思います。

一番いいのは、最高の抗酸化物質である水素が入った水素風呂です。水素は呼吸器から揮発した水素を取り込むこともできますし、肌からも体内に簡単に吸収できるので、抗酸化力をいかんなく発揮してくれます。

「水素生成器」を購入して使用するのがベストです。約5万円ほどするので高価ではありますが、長く使えて、入浴剤を買い続けることを考えるとコストパフォーマンスがいいといえます。

Point

アンチエイジングに効果的な入浴の方法

◎ 40℃くらいのお風呂に5～10分ほど入ろう
◎ バスソルトや入浴剤を入れよう。炭酸ガス入りがおすすめ
◎ 水素風呂は最高の「抗酸化風呂」

Program 07

有酸素運動をする

食後のウォーキングで血糖値上昇も防げる

3つの「最強美肌プログラム」として筋力トレーニングをあげましたが、強度の高いトレーニングにプラスしてウォーキングや軽いジョギングなどの有酸素運動を日常に取り入れるとより効果的です。運動によって、全身の血流がよくなり、全身に酸素が巡って細胞の働きが活発になり、代謝がよくなります。

定期的に有酸素運動を続ければ、毛細血管が新しく再生され、さらに血液循環がよくなります。代謝が上がると汗を出す汗腺や皮脂を出す皮脂腺の働きもアップするため、天然保湿因子や皮脂膜が増え、肌が潤いやすくなり、バリア機能も正常化されます。

また、**食後のウォーキングは食事による血糖値の上昇を防ぐことができます。**AGEのもととなる糖質を含む食事をすると15分以内に血糖値が上がるので、それまでに行うことが大事です。食べてすぐに動くのはよくないと言われていますが、ウォーキング程度だったらむしろ積極的に行うほうが健康的です。

運動によって、ストレスも発散できます。ストレスを感じて交感神経が優位になると皮膚の毛細血管の流れが悪くなり、それによって栄養不足の状態に陥ります。

すると皮脂分泌が増えて毛穴が炎症を起こしたり、コラーゲンやエラスチンが減少して皮膚もたるみやすくなるため、ストレスのケアは大切です。

現代社会で完全にストレスフリーな生活を送ることは難しいかもしれませんが、身体を動かすことで少なからず発散することができるので、ぜひ日常に運動習慣を取り入れましょう。

まずは、1駅ぶん歩く、できるだけエスカレーターではなく階段を使う、といったことから始めましょう。また、デスクワークで座っている時間が長い方は1時間に1回はトイレに立つなどするようにしましょう。ホームセンターやインターネットなどで「踏み台」を購入し、スキマ時間や仕事の合間に「踏み台昇降運動」を行うのもおすすめです。

ちなみに、筋力トレーニングと有酸素運動を同日に行う場合は、**筋トレをしてから有酸素運動を行ってください**。筋肉は、高い負荷を与えることで大きくなりますが、先に有酸素運動を行ってしまうと疲れてしまって強度の高いトレーニングができないからです。有酸素運動は多少身体が疲れていても行えますし、美肌や健康における優先度としても有酸素運動よりも筋トレのほうが高いので、筋トレから先に行うようにしましょう。

Point

運動の効果

◎全身の血流がよくなり、酸素がすみずみまで行きわたる
◎代謝が上がることで肌のバリア機能も改善
◎食事による血糖値上昇を防ぐ。ストレス発散にもなる

Program 08

睡眠を見直す

睡眠は時間だけでなく「質」も大事

美肌のためには、肌の代謝を促進してくれる成長ホルモンを分泌させることが大切です。**成長ホルモンは、寝ている間に分泌されます。**成長ホルモンの分泌が少ないと、そのぶん糖代謝も下がりAGEが蓄積しやすくなってしまうので、睡眠は十分に確保する必要があります。

また、体内リズムを整え、眠りに誘ってくれる「メラトニン」は優れた抗酸化作用があり、眠っている間に疲れを取り、免疫力を高めたり、細胞の新陳代謝を促してくれます。

「成長ホルモンは午後10時～午前2時までに多く分泌されるから、このゴールデンタイムに睡眠をとるのがいい」と聞いたことがあるかもしれませんが、実はこの話に医学的な根拠はありません。

現在では、成長ホルモンやメラトニンは、何時に寝ても眠りに入って90分～3時間後のノンレム睡眠のときに最も多く分泌されることがわかっています。

ただ、やはり寝る時間や起きる時間が不規則だと体内時計が狂い、成長ホルモンが十分に分泌されなくなる可能性があるため、毎日だいたい同じ時間に寝ることは大切です。また、個人差はありますがやはり睡眠時間が5時間以内では細胞の修復がしっかり行われない可能性があるので、7時間程度は確保するようにしましょう。

睡眠時間を確保するだけでなく、眠りに入って90分〜3時間の眠りを深くするように工夫することもポイントです。

夕食は寝る3時間前までに済ませて胃を休め、寝る2時間前には入浴を済ませましょう。入浴によって皮膚温度を上げて熱を放散すると、深部体温が下がって自然に眠くなります。睡眠の1時間前からは部屋を暗めにして、蛍光灯、スマートフォン、テレビ、パソコンなどのブルーライトを避けましょう。静かな環境に身を置き、寝る前に深呼吸をすると心地よい眠りにつくことができます。

ベッドに入ってもなかなか眠れないという方は、朝起きてから太陽を浴び、日中よく歩いたり、適度な運動を取り入れてみましょう。方は14〜16時間ほど覚醒が続くと、睡眠欲求が高まり自然と眠くなってきます。

Point

睡眠で細胞をよみがえらせるために

◎眠りに入って90分〜3時間の眠りの質を高めよう
◎眠りの質を高めるため寝る前の行動をルーティン化しよう
◎睡眠のための準備は朝から始まる！ 早起きして朝日を浴びよう
◎7時間程度は睡眠を確保しよう

大切なのは何時に

第4章

美容外科の施術で毛穴レスになれる！

市販の化粧品には限界がある！
真皮に働きかけるのはクリニック治療だけ

第3章でご紹介した最強美肌プログラムは基本的に、老化を食い止め、ターンオーバーを促して肌のバリア機能を向上させることでこれ以上肌トラブルが発生するのを避けるためのものです。すでに症状が進んでいる毛穴トラブル・肌トラブルに関しては、美容クリニックなどで専門家に頼ることが賢明です。

クリニックでは、市販の化粧品の何十倍もの有効成分を肌の奥の真皮に入れることが可能です。毛穴につまった頑固な角栓もピーリングで取り除くことができ、毛穴の目立たない、透明感のある肌を手に入れることができます。

当クリニックでは保険診療も行っていますが、保険が適用されるのは基本的に病気や疾患のみです。保険診療では、飲み薬や抗生剤の塗り薬を処方します。軽度の肌トラブルでしたらこれだけで改善することもありますが、ニキビ跡や毛穴トラブルに加え**根本的に肌質を変えたいという場合は、基本的に自費診療での治療をおすすめしています。**

クリニックでの治療方法にはさまざまな種類があります。正直何を選んでいいのかわからないと思いますが患者さんのお肌の状態や目的、予算に合わせて最適な治療方法を提案しています。ここでは毛穴トラブルのタイプ別に、効果のあるメディカルエステを紹介します。

全ての毛穴トラブルにおすすめ！
ダーマペン

つまり毛穴・たるみ毛穴・傷跡毛穴全ての症状改善におすすめなのが、**「ダーマペン」**です。ダーマペンとは、16本の超極細針により皮膚の表皮から真皮にかけて垂直の穴を開けると同時に、針穴に高濃度ビタミンA、高濃度ビタミンC、ヒアルロン酸を浸透させる治療法です。

2010年に登場し、以来ダーマペン2、ダーマペン3、と発売され2018年に最新モデルのダーマペン4が登場しました。当クリニックでは、最新のダーマペン4を使用しています。針が極細であり、使用感が非常に滑らかなのが特徴です。

皮膚は開けられた穴を修復すべく、人間の自然治癒力によりコラーゲンやエラスチンの生成を促進します。また真皮にまで浸透した成分の働きにより、**肌のハリやツヤ、キメの細かさをアップさせる効果が期待できます。**美肌を手に入れられるほかにも、乾燥肌や小じわ、ニキビやニキビ跡、肉割れ線や傷跡など、さまざまな肌のお悩みの解消に効果的な治療法で、とてもおすすめです。肌の状態によって皮膚に穴を開ける速さや深さを調整できます。

副作用としては、施術中に痛みがあったり、術後に赤みや内出血があったり、皮膚が剥けたりします。16本の針を顔に刺すという治療内容に抵抗があるかもしれませんが、ダーマペンの針の直径は、髪の毛ほどの細さです。まったくの無痛というわけではありませんが、チクチクと感じられる程度です。麻酔クリームの前処置を行いますが、施術中に痛みを訴えられる方もいらっしゃいます。ご希望の場合は、笑気（痛みの少ない）麻酔を使用することで痛みをやわらげることも可能です。

また、24時間後から洗顔料の使用とメイクが可能です。ダウンタイム（施術が終わってから、肌が元の状態に戻るまでの時間）は、皮膚に穴を開ける速さや深さによって異なりますが、数日間赤みが出る方が多いです。術後の注意点としては、必ず紫外線を避け日焼け止めを使用すること、サウナや長時間の入浴は、赤みがひくまで数日間は控えること、保湿をしっかり行うことなどをお伝えしています。

【ダーマペン】

内容	極細の針で微細な穴を開け、高濃度ビタミンA、高濃度ビタミンC、ヒアルロン酸を浸透させる。この際、ダメージを修復する自然治癒力を利用して肌本来の機能を向上させる
対象となる悩み	毛穴の開き、つまり、ニキビ、ニキビ跡、傷跡、皮膚表面のたるみ、乾燥肌、小じわなど
即効性	施術後１週間くらいから効果を発揮
副作用	施術時の痛み、術後の赤みや内出血
回数・持続性	２週間に１度程度、５回ほど継続することを推奨
ダウンタイムの有無	数日赤みが出る場合も
１度の施術の金額	２万円～３万円程度

組み合わせ治療やオプションで相乗効果も

ダーマペン＋コラーゲンピール（ヴェルヴェットスキン）

「コラーゲンピール」とはピーリングのことで、特殊な薬剤を、マッサージしながら塗布して皮膚の奥まで浸透させる治療法です。

肌のターンオーバーを促進し、さらに薬剤の作用でコラーゲン、ヒアルロン酸の生成を促すことで、毛穴のつまりの解消のほか、たるみ毛穴や小じわも改善できます。**施術後すぐに肌のハリやツヤがアップする**などわかりやすく効果を実感できます。2週間に1度、5回程度継続することで肌トラブルが改善します。施術後、即日メイクも可能なため、手軽に美肌を手に入れられます。

副作用としては、施術部位のピリつき感や乾燥、かさつき、赤み、かゆみ、ほてり感が生じる場合がありますが、通常は数時間～数日で改善します。薬剤に対するアレルギー症状やニキビが一時的に悪化する場合もあります。施術後は十分な保湿と

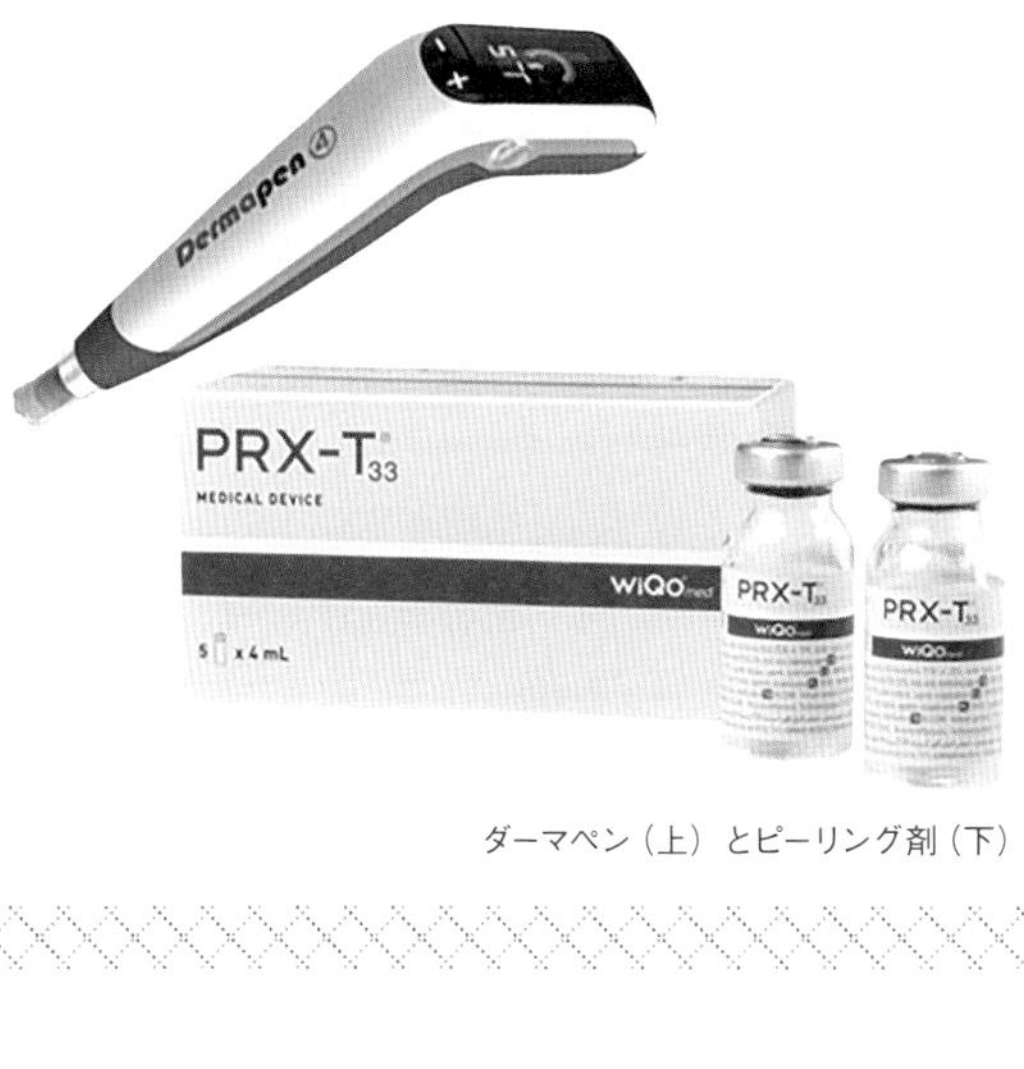

ダーマペン（上）とピーリング剤（下）

日焼け対策を行ってください。

コラーゲン生成を促進してくれるコラーゲンピール（マッサージピール）とダーマペンの組み合わせは相性がよく、美肌有効成分をより肌内部まで浸透させる相乗効果が期待できます。ダーマペン＋コラーゲンピールを組み合わせた治療のことを**「ヴェルヴェットスキン」**と呼びます。

また、ダーマペンと併用して、成長因子を導入するのもおすすめです。皮膚に無数の小さな穴を開けるため、浸透させたい成分を皮膚の真皮まで入れていくことができるダーマペン。そこへ、さらに成長因子を導入することで、皮膚の細胞増殖や治癒過程の活性化を促し、加齢とともに衰える生物活性を補います。クリニックによっては、患者さんご自身の血液から採取された細胞を塗布する「ヴァンパイアフェイシャル」と併用することもあります。


【コラーゲンピール】

内容	コラーゲンの生成を促す薬剤を、マッサージにより皮膚の奥深くまで浸透させる
対象となる悩み	毛穴の開き、毛穴のつまり、たるみ毛穴、小じわ、しみ、そばかす、くすみ
即効性	施術後すぐに効果を発揮
副作用	施術部位のピリつき感、乾燥、赤みなど
回数・持続性	2週間に1度、5回程度継続することを推奨
ダウンタイムの有無	ほぼなし
1度の施術の金額	1万5千円〜2万円程度

即効性アンチエイジングでたるみ毛穴改善！
コラーゲンピール＋イオン導入

コラーゲンピールとの併用でおすすめしたいのが、「**イオン導入**」です。イオン導入は微弱な電流を流しながら高濃度ビタミンA・高濃度ビタミンCを肌に浸透させる施術です。美容成分に電流を流すと、そのまま肌に塗る場合と比べ約40倍も肌に浸透しやすくなると言われています。コラーゲンピールだけでは術後の乾燥が心配ですが、イオン導入を併用することで**ふっくらキメの細かい肌を取り戻しながら、しみや小じわ対策、肌のアンチエイジングもできます。**そのほか、そばかすや肝《かん》斑《ぱん》、くすみ、炎症後色素沈着や、ニキビ、ニキビ跡、乾燥肌や赤ら顔など、さまざまな肌トラブルの改善に効果的です。

施術時間は15分ほどでダウンタイムもなく、施術後すぐに日常生活にお戻りいただけます。

【イオン導入】

内容	微弱な電流を流すことで高濃度ビタミンA・ビタミンCを肌に浸透させる
対象となる悩み	毛穴の開き、つまり、ニキビ、ニキビ跡、乾燥肌、小じわ、シミ、そばかす、くすみなど
即効性	施術後すぐに効果を発揮
副作用	薬剤に対するアレルギー反応
回数・持続性	2週間に1度程度、5回ほど継続することを推奨
ダウンタイムの有無	なし
1度の施術の金額	5千円～1万円程度

真皮にダイレクトに潤いを届ける！

水光注射・シャネル注射

「水光肌」とはツヤ・ハリのあるプルプルしたお肌のことを指します。**「水光注射」**とは、細かい針が複数ついたスタンプのような注射器で、美容成分を皮膚に直接注入する施術です。顔への注射ということで抵抗がある方もいらっしゃいますが、一般的な注射針とは異なり痛みはわずかです。

使用する薬剤には、強力な保水力を持つ微粒子ヒアルロン酸と、アミノ酸の一種で美白効果が期待できるトラネキサム酸が配合されています。これらの美容成分を皮膚の表皮から真皮にまで細かく注射することで、**皮膚に水分補給でき、肌にハリや弾力を与えます。**潤いの少ない肌はくすみがちですが、水光注射で有効成分を注入することでくすみが取れて肌は明るくなります。

また皮膚の奥まで直接潤いを届けるため、肌を土台から整え、若々しさを取り戻せます。

悩みに合わせて、追加薬剤を選んで導入することも可能です。成長因子であるグロースファクターを追加すると、肌の再生能力がより高まり、さらなる肌のハリの向上や、小じわの改善も期待できるでしょう。効果の持続力を保つためには、1ヵ月ごとに施術を受けることを推奨しています。

「シャネル注射」も水光注射と同様に肌表面に美容成分を注入します。

別名「135注射」と呼ばれており、ヒアルロン酸やミネラル、各種アミノ酸、コエンザイム、抗酸化成分や各種ビタミンほか135種類もの有効成分を高濃度で注入していきます。**肌自体を根本的に改善・再生させる美容成分が凝縮されているので、**水光注射よりもさらなる即効性と効果を感じることができます。

【水光注射】

内容	注射器で、ビタミンA・C、微粒子ヒアルロン酸、トラネキサム酸といった美容成分を皮膚に直接注入することで肌を土台から整える
対象となる悩み	毛穴の開き、小じわ、ハリや弾力の低下、くすみ
即効性	すぐに効果を発揮
副作用	薬剤に対するアレルギー反応、赤み、内出血
回数・持続性	1ヵ月ごと、トータル3回ほどで効果が継続。その後は3ヵ月ごとの施術を推奨
ダウンタイムの有無	数日間赤みが出る。施術3時間後よりメイクが可能
1度の施術の金額	3万円～

【シャネル注射】

内容	注射器で、135種類の有効成分を高濃度で皮膚に注入していく
対象となる悩み	毛穴の開き、乾燥、小じわ、ハリ・弾力の低下、くすみ、しみ
即効性	すぐに効果を発揮
副作用	注入時の疼痛、赤み、むくみ感、ほてり、内出血
回数・持続性	1ヵ月ごと、トータル3回ほどで効果が継続。その後は3ヵ月ごとの施術を推奨
ダウンタイムの有無	数日間赤みが出ることも。施術翌日よりメイクが可能
1度の施術の金額	5万円～8万円程度

あらゆる肌トラブルに

最新・プラズマシャワー

「プラズマ」と呼ばれるイオン化させた気体を、トラブルが起きている肌に集中的に照射することで、トラブルの原因となる菌を退治し修復を促していきます。

当クリニックの「**プラズマシャワー**」の場合、レーザーと違って、皮膚、血液、表皮組織には衝撃を与えません。皮膚疾患の治療、減菌効果、薬剤の吸収性の飛躍的向上、皮膚の再生、色素沈着の改善、皮膚の弾力性の向上作用を持つ優れた治療として提供しています。

プラズマシャワーは肌荒れやアトピー性皮膚炎など、敏感肌の方に対しても、**痛みも少なく安心して受けていただける施術です。**毛穴に溜まった皮脂にアクネ菌や黄色ブドウ球菌が過剰に繁殖して炎症を起こしますが、プラズマはこれらの細菌に対して殺菌効果を発揮し、肌トラブルを改善します。

さらに真皮を刺激することで、コラーゲンやエラスチンを増やす効果も期待できるため、ハリのある肌になり、小じわも改善されます。

プラズマシャワーには皮膚細胞をくっつけている分子どうしを一時的に切り離し、細胞の接着を広げるという作用もあります。プラズマシャワーだけでも高い効果を得ることができますが、照射後、美容液やヒアルロン酸など目的に応じた薬剤を塗布すると、細胞内に取り込まれやすく肌の奥まで浸透させることができます。

また、くすみを飛ばすプラズマのスパッタリング現象によって、**古い角質や異物を取り除くことができ、肌色も調整されます。**さらに、施術後に美白効果のある薬剤を塗布すれば肌のトーンが上がり、透明感が増します。

1回の施術でも肌の調子がよくなり、くすみも改善されるので、顔全体のくすみが気になる、年齢肌や肌トラブルでメイクのノリが悪くなってきた、化粧品の効果が感じられない、といった方におすすめです。

フォトフェイシャル、コラーゲンピーリング、ダーマペンといったほかの施術と併用すると、より高い効果も期待できます。

【プラズマシャワー】

内容	高い殺菌力により肌の表面にいるさまざまな細菌を死滅させる。その上、肌悩みに応じた薬剤を浸透させその人に合った効果を発揮する
対象となる悩み	治らないニキビや肌荒れ、ハリ・弾力の低下、くすみ、しみ
即効性	すぐに効果を発揮
副作用	施術時に軽く熱感が生じたり、赤みが生じることも
回数・持続性	2週間〜1ヵ月に1回のペースでトータル5回ほどで効果が継続
ダウンタイムの有無	なし。施術1時間後よりメイクが可能
1度の施術の金額	約3万円〜8万円

カウンセリングが美肌への第一歩！

本当に納得できるクリニックの選び方

せっかくお金も時間もかけて美容外科に通うのなら、求めている効果が得られるクリニックで、経験豊富な医師から治療を受けたいもの。

クリニックを選ぶ際、まずはウェブサイトを確認することが多いと思いますが、正直ウェブサイトの情報だけで判断するのは難しいです。

複数のウェブサイトを見比べてみると、同じ施術内容でも金額に差があることがあります。これは、金額が高ければそのぶん効果があるというわけではなく、クリニックの経営方針によります。薬剤や機械の仕入れ価格もクリニックによって異なりますし、広告費にお金をかけているぶん、施術を高額に設定している、というクリニックもあります。

メスを用いる手術やヒアルロン酸注射、ボトックス注射などを行う場合は副作用のリスクが大きいため医師の症例件数が多いほうが安心ですが、これまでに紹介した治療は施術の難易度がそれほど高くないため、医師の腕はあまり関係ありません。

ただ、美容皮膚科の場合は患者さんの肌の状態を正確に把握して、それに合う治療を選択しなければ効果は十分発揮されません。また、患者さんの生活習慣によっても効果の表れ方が変わるので、そういったアドバイスもしてくれるところがベストです。

大手のクリニックよりも個人のク

リニックのほうが、ベテランの院長が担当してくれる可能性はありますが、さきほども申し上げたように美容皮膚科の場合は医師の症例数はそこまで気にしなくても問題ないかと思います。

ウェブサイトを確認して不審な点がなければ、クリニックに電話をして、悩みを相談してみましょう。そして電話対応に問題がなければ、一度無料カウンセリングを受けてみることをおすすめします。

実際に足を運んだら、受付の雰囲気がいいか、院内が清潔であるかどうかも確認しましょう。当然ではありますが、そういった細部に院長の誠実さが表れています。

あとは、受付の方や医師自身が美肌で健康的であるかどうかも判断基準になります。その方自身が、実際に効果を証明してくれています。

カウンセリングの際、患者さんの話をよく聞いてくれて、治療のデメリットをきちんと説明して要望に寄り添ってくれるクリニックを選びましょう。「カウンセリングだけして、治療を行わないのは失礼なのではないか」と思う方もいるようですが、無料カウンセリングだけで帰られる患者さんもたくさんいます。患者さんご本人が納得した上で治療を受けることが重要なので、気軽にカウンセリングを受けていただきたいと思います。

おわりに

ここまでお付き合いいただきありがとうございました。

少し専門的な説明もありましたので難しく感じた部分もあったかと思いますが、何か新しい発見はありましたか。日頃なんとなく行っていたことが身体や肌にどんな影響を及ぼすのか理解を深めることができたでしょうか。

第1章~第3章まで正しい知識を詰め込みましたが、情報として知っているだけでなく実践して初めて効果が出ます。知識もしばらく経つと忘れてしまうこともありますから、その場合は読み返しなら、末永くこの本を活用いただければ幸いです。

第3章の「最強美肌プログラム」として紹介しているもののなかには、「大変そう」「いまの生活習慣ではできないかも」と思われるものもあるかもしれません。

その場合は、紹介したプログラムの全部を行うのではなく、できそうなものから取り入れてみてください。実際に試してみると、肌トラブルが改善したり身体の状態が少しよくなったりと、きっといい変化を感じられると思います。

特に、水を飲む習慣や食事メニューの改善、筋トレが習慣づいたら「朝起きるのが楽になった」「疲れづらくなった」「駅の階段を上るのが楽」など毎日の生活のなかで少し変化が訪れるはずです。一日の終わりにでも「今日はどんな一日だったかな」と自分の身体と心の状態を意識的に振り返ると変化に気づきやすくなるのでおすすめします。

昨日よりも美しくなった自分にときめきを感じながら続けてもらえればば嬉しいです。

第4章では、当クリニックで人気の施術を代表して5つご紹介しました。

これは現代の最新美容施術の具体的な概要を把握していただくためにお伝えしたもので、「私にはこの施術がいいはず」とご自分で判断せず一度カウンセリングに来ていただきたいと思います。


現代は、たくさんの美容情報が溢れ、クリニックでの美容施術も10年前に比べてグンと身近になりました。そんななかで、よりよい自分になるためにどんなものが自分に合っているのか情報を精査していくのはとても難しいと思います。

この本を通して、美容に関する正しい知識が浸透すると共にセルフケアの質を上げて、ときには上手にプロに頼る。そのバランス感覚を身につけることができれば、無駄のない最強な美容法だと思います。本書を読むことが、その一歩として少しでも役に立てば幸いです。

【著者略歴】

山本 周平（やまもと・しゅうへい）

美容皮膚科医・抗加齢医学専門医（エイジングケアの専門医）

神戸大学医学部卒業後、製鉄記念広畑病院にて形成外科・皮膚科・内科に勤務。

その後、大手美容クリニックを始め複数の有名クリニックにて勤務、院長を歴任。

2019年8月により多くの方々に健康と美を通して喜んでいただきたいという思いから、西宮SHUHEI美容クリニックを開院。2020年には医療法人康徳会理事長に就任。

内側と外側の両方からアプローチし、見た目の美しさだけでなく、内側から健康に、そして、真に美しくなるための医療を目指している。

西宮SHUHEI美容クリニック ウェブサイト
https://www.nishinomiya-biyou.com

美容《びよう》皮膚《ひふ》科医《かい》が教《おし》える
「完全《かんぜん》毛穴《けあな》レス肌《はだ》」を叶《かな》える8つの美肌習慣《びはだしゅうかん》

2021年7月21日 初版発行

発行 **株式会社クロスメディア・パブリッシング**
発行者 小早川 幸一郎
〒151-0051 東京都渋谷区千駄ヶ谷4-20-3 東栄神宮外苑ビル
https://www.cm-publishing.co.jp
■本の内容に関するお問い合わせ先 ……………… TEL (03)5413-3140 ／ FAX (03)5413-3141

発売 **株式会社インプレス**
〒101-0051 東京都千代田区神田神保町一丁目105番地
■乱丁本・落丁本などのお問い合わせ先 ……………… TEL (03)6837-5016 ／ FAX (03)6837-5023
service@impress.co.jp
（受付時間 10:00～12:00、13:00～17:00 土日・祝日を除く）
※古書店で購入されたものについてはお取り替えできません

■書店／販売店のご注文窓口
株式会社インプレス 受注センター ……………… TEL (048)449-8040 ／ FAX (048)449-8041
株式会社インプレス 出版営業部 ……………… TEL (03)6837-4635

ブックデザイン 岡本慎也（エトフデザインオフィス）
カバー・本文イラスト もと潤子
編集協力 藤森優香
校正 株式会社文字工房燦光
印刷・製本 株式会社シナノ
DTP 荒好見
ISBN 978-4-295-40564-1 C2076
©Shuhei Yamamoto 2021 Printed in Japan